JN224778

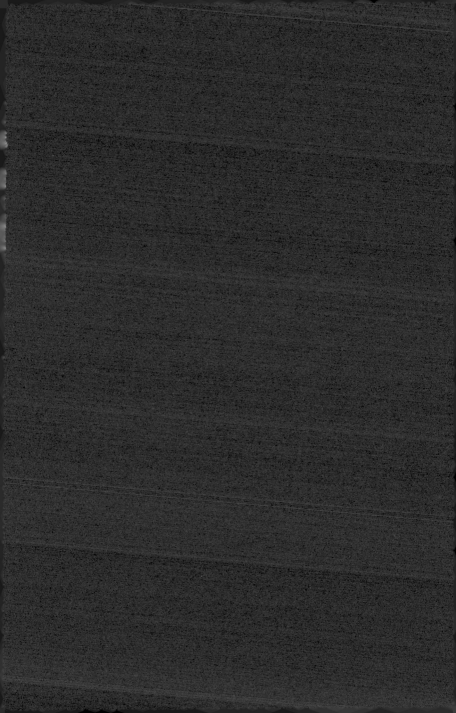

ヒロシマ・ナガサキの映像は隠蔽されていた

二人の米軍兵士と、制作されなかったヒロシマ・ナガサキの貴重な映画

グレッグ・ミッチェル 著
金谷 俊則 訳

ATOMIC COVER-UP
Two U.S. Soldiers, Hiroshima & Nagasaki, and The Greatest Movie Never Made

文芸社

目次

謝　辞

一九八二年以来、長いあいだ本書とそれに関連するテーマを追究してきたことに対して、貴重な助言と支援をしてくださった以下の人たちに感謝を申し上げたい。順不同で列挙しているが、ハーバート&レスリー・スサン、ダニエル・マクガバン、秋葉忠利、デヴィッド・コーン、トーマス・パワーズ、ロバート・ジェイ・リフトン、ジェーン・イセイ、レイチェル・クレイマン、サラ・レイジン、エリック・バーナー、マーカス・ノーンズ、山田幹雄、カール・ブムリー、岩倉務、ポール・ボイヤー、そして、いつものように、妻のバーバラ・ベッドウェイの面々である。

はじめに

広島市にある平和公園内の北西に位置する静かな木立のなかに、地面が急に盛り上がったところがある。土塁というほど大きなものではなく、高さが三メートル、奥行きが一八メートルほどだが、多くの土塁とはちがい、内部は空洞になっていて、この世に残した人間の遺物が、おそらくもっとも多く集められているところなのである。

あたりには線香から立ちのぼる灰色の煙が漂っているけれど、この場所には観光客は訪れない。平和公園を訪れる人たちは、園内にある「平和の鐘」や「原爆の子の像」などを訪ねようとして、土塁のようなこの場所には目もくれずに急ぎ足でとおりすぎて行くのだが、それでも、この場所は不思議な美しさを漂わせている。盛り土の表面には草木は茂っておらず、頂には、パゴダの先端を似せたような塔が据えられている。「原爆供養塔」と呼ばれる、この盛り土の一方には木製の柵の付いた入口があって、階段を五段ほど下りると内部に入る扉がある。ふだんは入ることを許可されていないのだが、この原爆供養塔を管理している広島市は、外国人のジャーナリストには内部を見学させることがある。

内部は天井が低く、照明には蛍光灯が使われているが、直立はできず、腰をかがめなければならない高さだ。左右の壁には松材でできた棚が並んでいて、棚の上には、スーパーマーケットにあるスープ缶のような、陶器でできた白い筒状の壺が几帳面に積み上げられていて、壺の表面に日本語で何か書かれている。わたしが訪れた日には、「全部で千個以上あります」と広島市の担当者の大原政美が説明してくれた。この壺のなかには、原子爆弾（以下、原爆）で亡くなった人の遺骨が納められているのだ。

また、正面にある祭壇の両側は二重のカーテンで仕切られていて、カーテンの内側に小箱ほどの大きさの松材で作られた箱が、床から天井まで何十個もの高さに無造作に積み上げられている。箱のなかには、身元不明の七万人の原爆死没者の遺骨が納められているそうだから、たとえていうと、デラウェア州ウィルミントンかニューメキシコ州サンタフェの住民がみんな骨になって、一ヶ所の納骨堂に集められたとすると、ちょうどこの広さになるわけだ。

広島の原爆で亡くなった人たちのほとんどは、ただちに火葬されたが、それは伝染病が蔓延するのを防ぐ意味があったし、火葬されなかった犠牲者たちも、原爆によって都合よく灰になったから、一瞬にして死と火葬がすんだことになる。人の手によって収容された犠牲者たちは、爆心地から八〇〇メートルの、かつては寺の敷地だった、この原爆供養塔のある場所に仮の祭壇をもうけて、ここで火葬されたが、火葬を担当した救援隊の人たちは、ほとんどの犠牲者の身元がわからないまま火葬をおこなったのである。また、市内のほかの場所で火葬された犠牲者の遺骨も、仮の安置所として、ここに運ばれてきたという。

一九四六年、ダグラス・マッカーサー元帥の命令によって、戦争中に日本の各都市への大規模な爆撃の被害状況を映像に収める任務を受けたアメリカ陸軍航空隊が、この場所でおこなわれていた葬儀の場面で、一人の若い女性が地元の担当者から遺骨の入った壺を受け取っているところを撮影している。また、その年の終わりには、原爆で生き残った人たちが、この場所に常設の納骨堂を建てるため資金を募り、一九五五年に今の原爆供養塔が完成したそうだが、それから数年のあいだは、まだ犠牲者の遺骨が見つかることがあったので、遺骨の数は増えつづけ、なかでも、ある小学校では、おびただしい数の遺骨が折り重なるように見つかったという。

左右の棚に並べられている白い骨壺は、引き取り手の遺族や友人たちが見つからないまま、何十年もこの場所に置かれているのだ（多くの場合、その遺骨の親族や友人たちも原爆で全員が亡くなっている）。地元の新聞社は毎年、骨壺に記された死没者の氏名を公表し、そのたびに引き取り手が何人かは見つかって、死没者の一族の墓に移されるが、引き取り手のない身元不明の骨壺は、まだ数百人分あって、今では、もう長い年月が経っているため、永遠にこの供養塔のなかに残されたままになることだろう。

この供養塔の内部は、身も凍るよう光景だ。骨壺は明るい白色をしていて、一九四五年八月六日午前八時十五分に広島の上空で炸裂した閃光のようだ。遺骨は、市内の至るところから集められ、そのなかには、兵隊、医師、主婦、幼児などの遺体を火葬した遺骨もあるという。引き取り手がないとはいえ、氏名が書かれた骨壺のなかの人も、亡くなる前には少なくとも一個の人格（壺のなかをのぞき見ることができたらいいのだが）として尊厳を保っていたのである。

けれども、カーテンの内側にある七万人の遺骨はどうなのだ？　松材の木箱には、犠牲者の遺品や遺骨が見つかった場所が、たとえば工場や学校の名前とか、たぶん火葬されたらしい地名などとして記されているだけで、これらの遺品や遺骨には氏名がないのである。この犠牲者たちのことを思い、今でも何千人という遺族が悲しんでいるかもしれないのだが、氏名の書かれた骨壺とはちがって、こちらの遺骨の方は人間の尊厳が失われているのだ。「この木箱のなかの遺骨は、多くの犠牲者が一緒に混ざっていて、一人ずつ分けたり、身元を特定することができていないのです」と大原は説明した。供養塔の内部にあるカーテンの内側の木箱は、一九四五年八月六日に広島市に生存していた四分の一の人たちが、今どうなっているかを物語っているのである。

一　スサン

これから述べることは、一九四六年にアメリカ軍の特別チームによって広島と長崎で撮影され、すべてを鑑賞するのに二〇時間を要する衝撃的なカラーフィルムによる映像の物語で、その映像は、アメリカ軍の士官や、映像を撮影した数人の人たち、それにわたしを含めた多くの人たちの人生を変えることになった。また本書では、アメリカ軍の特別チームが撮影する数ヶ月前に日本人のニュース映画チームが白黒フィルムで撮影した、歴史に残るほど貴重な映像がどんな運命をたどったのかについても述べている。とにかく、このカラーフィルムがわたしたちにおよぼした影響は底知れず謎めいていて、それというのも、このフィルムが数十年ものあいだ隠蔽され、ほとんど人の目に触れることがなかったせいもあるけれど、それ以上に、計り知れないものを秘めた存在だったからである。

　これらのフィルムが長いあいだ日の目を見ることがなかったとはいえ、日本に投下された原爆は、作家のメアリー・マッカーシーが述べているように、「人類の歴史の穴に落ち込んだ（fell into a hole in human history）」出来事だったのである。原爆が投下されてから数十年のあいだ、ほとんどのアメリカ人が目にした広島と長崎の原爆のイメージというと、どちらの都市も似たり寄ったりで、きめの粗い単色のスチール写真だけであって、たとえば、キノコ雲や、何もなくなった街の風景や、破壊されてドームの骨組みが先端だけ残った建物などで、そこには人間の姿は写っていないのである。

アメリカと日本の双方によって撮影された、これらのフィルムは、現在はメリーランド州カレッジパークにある国立公文書館に保管されていて、九万フィート（約二万七〇〇〇メートル）におよぶカラーフィルムは、USAF342番として登録されており、八十一巻のフィルムが一一〇〇〇から一一〇八〇までの番号をふられて、フィルム缶に収められている。カラーフィルムの多くは、そのころテクニカラー社に残っていた一六ミリの、当時としては貴重なコダクロームを使って撮影されたものである。公文書館の公式の記録には、各巻ごとに、「物理的損傷、長崎」とか「医療面、広島」のように、フィルムの内容を示す一行ほどの文字が記されているが、オンラインで閲覧できる撮影リストの方は、「閃光による熱傷と影像の詳細」のような詩的なものから、「カソリックの幼稚園、破壊の状況」のような、ことばにできないような痛ましい内容を知ることができる。

フィルムに音声が入っている映像はほとんどないが、原爆が投下されて数ヶ月経った長崎の廃墟になった浦上聖堂で祭日におこなわれたミサのときに、信者たちが「きよしこの夜」を歌っているシーンを撮影したフィルムが残されている。やはり音声は録音されていないが、このシーンは、広島と長崎で撮影された数時間にわたるカラー映像のフィルムが一九八三年初頭にアメリカ国内に存在していたという消息を、わたしが担当し編集していた雑誌に掲載された記事によって明らかにして以来、よく知られるようになった。

公文書館には、参考資料と保存用のコピーと四分の三インチのビデオのほかに、未編集のオリジナルのフィルムも交じっていて、かつては機密あつかいだったが、現在では「規制なし」のラベルが貼られている。たぶん読者のなかにも、テレビやドキュメンタリー映画のなかで、これらのフィルムを使った映像をわずかでも見たことがあるかもしれないし、そうだとしたら、その映像は心に焼きついたかもしれないけれど、それでも、これから述べるアメリカ軍の二人の兵士や、わたしほどではないはずだ。

機密あつかいになっていたこれらのフィルムのなかには、アメリカ軍の撮影チームが正式に撮影に取りかかるずっと前に、日本のニュース映画の撮影チームが被爆直後の状況を撮影したものも含まれていて、それらもアメリカ軍に没収され、一九六〇年後半まで隠蔽されていた（もっとも、日本の映画制作者は、フィルムをコピーして長いあいだ天井裏に隠していたのだが）。日本人の撮影したこのフィルムは、現在では *The Effects of the Atomic Bomb on Hiroshima and Nagasaki*（邦題『広島・長崎における原子爆弾の影響』）という一六〇分のドキュメンタリー映画として残っているだけで、日本では「幻の原爆映画」として知られているが、日本人が撮影したこれ以外のフィルムは、すべて破棄されている。
　一方、アメリカが撮影したカラーフィルムは、そのあいだに撮影を終えて、初めの数十年はフィルムの所在が転々とすることになった。まず、日本に駐屯していたアメリカ陸軍の列車にあったフィルムが、つぎにはバージニア州のペンタゴン、オハイオ州の空軍基地、カリフォルニア州の空軍基地、ワシントンDC、そして最後にカレッジパークの国立公文書館という具合だった。ただ、そのあいだも、軍関係者、政府当局者、公文書をあつかう機関以外の関係者の目に触れることはなく、こうして数十年にわたって機密あつかいになっていたフィルムは、反核運動の高まりと時を同じくして一九八二年六月二日にようやく、ニューヨークで開かれた試写会で目にすることができるようになったのである。

　当時は、アメリカとソ連とのあいだで核開発競争が高まり、新たに大統領に就任したロナルド・レーガンがソ連との核戦争では勝算があると断言したことなどをきっかけとして、「核兵器の凍結」を求める運動が全米の数百の都市や町で組織され、メディアの関心を集めていた。核戦争による大惨事に反対するために結集した団体は、「社会的責任を負う医師団」（Physicians for Social Responsibility）から「核兵器に反対するヌーディスト」（Nudists Against Nukes）や「核兵器に反対する愛猫家」（Cat Lovers Against the Bomb）にまで広がった。田舎の主婦たちがおもに火付け役となった文字どおりの草の根運動もあって、その運動は核兵器の撤廃ではなく米ソ両陣営が軍拡競争をやめるよう求めたもので、レーガン大統領の二人の娘も、この運動を支持していた。そして一九八二年六月十二日には、核兵器反対の大規模な行進がニューヨークで挙行されたのである。

そのころ *The Atomic Cafe*（邦題『アトミック・カフェ』）というタイトルの原爆をテーマにした映画が映画館やテレビでしきりに上映され、この映画は、報道映像と、民間人が核戦争から身を守るこっけいなシーンとで構成されていて、ヒット作品になった。そのせいもあって、ニューヨーク・タイムズが、国連本部の近くにあるジャパン・ソサエティーで上映される『予言』の試写会を伝える短い記事を妻が目に留めていたのに、わたしは、その記事の内容をそれほど重要なものとは思っていなかった。けれども、この『予言』という映画は、アメリカ政府が何十年も隠蔽していた広島と長崎のカラーフィルムが公開され、そのフィルムを使って制作された内容ということで、試写会の初日には、フィルムを撮影した人物が広島と長崎で何が起きたかを説明することになっていた。

ジャパン・ソサエティーは、東四十七番通りにある三階建ての、しゃれたビルのなかにあるカルチャーセンターで、正午前から数十人の人たちが小さな映写室に集まった。ステージの脇に置かれた机に年配の男性が座っていて、悲しそうな暗い表情をしている。髪は薄くなって白い口ひげをはやし、目の下には深い皺ができている。ジャパン・ソサエティーの関係者が、男性をハーバート・スサン氏と紹介し、一九五〇年代にCBSのテレビディレクターとNBCのテレビ・プロデューサーを務めていたと述べた（*Wide, Wide World* でエミー賞を受賞したこともあったそうだ）あと、今回の『予言』に映し出される映像の一部を一九四六年に撮影していて、それから数年後には撮影したフィルムを使ってドキュメンタリー映画を制作しようと考えていたと説明した。

ジャパン・ソサエティーの説明によると、日本人の平和活動家たちは、被爆後の状況を撮影したフィルムは日本国内にほとんど存在していないことを一九七〇年代半ばになって知ったのだが、それというのも、被爆地で撮影された写真の多くが戦後になってアメリカ軍に没収されていたからで、それでも活動家たちは、図書館や個人が所有していた数百もの写真を探し出して一冊の写真集にまとめ、一九七九年にニューヨークの国連本部で、それらの写真を使って写真展を開催したのである。

ある日、ハーバート・スサンはその写真に興味を覚えて、展示会場のある国連本部まで歩いて行き（近くのアパートに住んでいたので）、展示された写真のなかに、自分が撮った少年の写真があるのを見て衝撃を受けた。その写真は、長崎の病院に収容されていた少年で、うつ伏せに寝た状態で、背中全体が生々しい肉のような色をしていた。そしてスサンが、「この写真はわたしが撮ったものです」といったことばが偶然にも、写真集を編集して展示を企画した岩倉務という日本人の耳に入った。

その写真を撮った経緯を岩倉から尋ねられたスサンは、自分は戦後に広島と長崎を訪れてカラーフィルムだけを使って映画制作のため撮影をし、スチール写真にも撮って、写真集に編集したものをホワイトハウスでトルーマン大統領に提出したと説明した。スサンの話のなかで岩倉が驚いたのは、カラーフィルムで撮影された映像が一九四五年か一九四六年に存在していたことで、岩倉は、そのころに撮影されたフィルムの所在をすべて調査していたはずなのに、そのカラーフィルムの存在だけは知らなかったからである。「本当のことですが、フィルムは極秘あつかいだと伝えられ、それ以来ずっと秘密にされていたのです」とスサンが岩倉に説明した。

スサンの話を聞いた岩倉は、カラーフィルムの所在を方々に問い合わせて、最近になって機密解除になったそのカラーフィルムが国立公文書館に保管されていることを突き止めた。岩倉は公文書館のあるワシントンDCまで出向いて、実際にそのフィルムがあることを確かめ、フィルムをコピーして日本へ持ち帰ろうと決心したが、ひとつ問題があった。九万フィートのコピーを入手するにはかなりの費用がかかり、それは十数本の長編映画のフィルムに相当する金額になるからだ。そのため、日本の活動家たちは一九八〇年から、「10フィート運動」として知られることになった募金活動を日本国内ではじめた。一人が寄付してくれるお金がわずかでも、それが集まれば、カラーフィルムのコピーを購入できる額になる可能性があったからで、その結果、二〇万人の日本人が合計で五〇万ドルになる寄付を集め、岩倉はフィルムを購入することができ、そのフィルムを使って一九八二年に、『予言』という初めてのドキュメンタリー映画を制作することができたのである（このとき岩倉は、日本人のニュース映画の撮影チームが撮影したあと没収されていた白黒のフィルムも一緒に購入している)。

　ジャパン・ソサエティーの映写室では、上映の前にハーバート・スサンが話をすることになっていて、体がかなり弱っている様子だったので、椅子に座ったまま静かな調子で、「長いあいだ、この瞬間を待ち望んでいました」と話しはじめた。そして、「わたしは何十年ものあいだ、類を見ないこのフィルムを入手して、アメリカの国民に見せようと尽力しながら、そのたびに挫折してきました。このフィルムは保管庫のなかに鍵をかけて収められ、これまで機密あつかいとして一般の人は目に触れることができなかったのです。核の時代において、当時の原爆の真実がどんなものだったのかを、このたび少しでも世界に示すことができることを、うれしく思います」と語った。

　スサンは、アメリカ陸軍航空隊の少尉として一九四五年後半に東京に駐屯していたとき、ダグラス・マッカーサー元帥の命令によって選り抜きのチームの一員に任命され、戦争中にアメリカ軍が爆撃した日本の各都市の被害状況を撮影することになった。そして一九四六年一月から、スサンたち一一人のメンバーは、特別列車を使って日本の各都市を視察することになったのだ。「ほかの同僚たちと同じように、初めは物見遊山のような旅だと思っていました。わたしたちは視察をする最初の目的地として、日本の一番南にある長崎という街を訪れました。そのときから、わたしの人生は永久に変わったのです」とスサンは説明した。

そういうと、前もって考えていた見解を述べながら、自分たちの乗った列車が標高の高い山の麓を通過して、北の方角から長崎の街に入って行った様子を話しはじめ、列車が廃墟のなかを数キロメートル進むと、「右手の小高い山のあたりに、小学校と専門学校の残骸が見えてきました。どちらも爆風によって押し倒されていました」と辛そうに語った。それから列車は、長崎の東のはずれにあった医科大学とカソリックの聖堂（原爆によって多くの信者が亡くなった）の横を通過して、ようやく終着駅の長崎に着いたが、駅舎はなくなっていたという。

「廃墟のなかには何もなく、迎えてくれる人は一人もいませんでした。当時のことは、忘れようとしても忘れられません」と話しながらも、そのような状況のなかでスサンは何か行動を起こすことができる数少ない立場にあったのだ。そして、「わたしたちは、あのホロコーストを記録に残すのにふさわしい技能と機材をもった唯一のチームでした。あのぞっとするような光景を撮影しておかなければ、あそこで起きたことの重大さをだれ一人理解できないだろうという気がしたのです。当時、アメリカ国内の多くの人たちは、原爆というと、倒壊した建物やキノコ雲の白黒写真のほかは何も目にすることがなかったからです」と語った。

スサンたち一行は、花や人間の姿が壁に焼きついて蒸発したあとに遺された影のような物理的な対象を撮影しただけでなく、赤十字病院や海軍病院に収容されていた被災者を撮影したが、その人たちの多くは重いやけどを負っていて、放射線障害のためつぎつぎと亡くなっていった。海軍病院では、ドクター・キルディアとドクター・ジレスピーという渾名の二人のアメリカ人の若い医師が、大量の抗生物質を使って数百人のやけどの患者を治療していた。

この患者のなかの一人が、のちに国連本部でスサンが目にして運命を決することになる写真の少年だった。真っ赤になった背中全体のやけどをペニシリン溶液に浸された様子は、アメリカ人の医師たちが見たこともないほど重度の熱傷だった。「少年の背中を写真に撮るため撮影用のライトを点けたときは、身震いがしました。このまま生きるのは無理だと、だれもが思っていましたが、それでも医師たちは懸命でした」とスサンは語った。

長崎をあとにした一行は、広島に向かった。広島に着いて、スサンがまず気づいたことは、すでに木造の建物が慌ただしく建てられていたことで、映画館も建てられていて、アメリカの西部劇が上映されていた。とはいえ、広島でも想像を絶するような破壊の状況や人的な損傷を目にしたので、その様子を撮影したという。それからスサンだけ、いったん東京にもどって、広島にあった教会の牧師たちのことを作家のジョン・ハーシーに語り(スサンはそう説明している)、その一人だった谷本清は、それから数ヶ月後に雑誌ニューヨーカーにハーシーが書いたルポによって有名になった*Hiroshima*(邦題『ヒロシマ』)の中心人物になった。

けれども、スサンが撮影したフィルムは日の目を見ることがなく、数十年のあいだ極秘のラベルが貼られて封印されたのである。

スサンは、映写室に集まった参加者に向けて、ことばと熱意をふりしぼるように、「ようやく映像の一部だけでも見ることができるようになって、うれしいです」といった。『予言』は、スサンも初めて鑑賞する映画だった。「歴史は、わたしが純情な若者だったことを証明してくれました。わたしが直接体験したことを映像として目にした人なら、どんな個人や政府当局者でも核戦争の恐ろしさを納得するだろうと当時は思っていましたから、アメリカをはじめ世界の国々のために重大な任務を遂行できると感じたものです。そして、自分たちの撮影した映像が、間接的にでも戦争をなくす役割を担い、良識のある政府なら核兵器の使用という選択を永久に放棄するだろうと思ったのです。しかし、それはまだ達成できていません。終わりに、みなさん方の御多幸をお祈りします」スサンはそう話を結んだ。

参加者がスサンに拍手をして、映画がはじまった。『予言』は、原爆に被爆しながら生き残った人たちの、その後の歩みを描いた内容で、被爆者たちへのインタビューも挿入されている。スサンが撮影したカラーフィルムの映像が映し出されたのは、わずか数分だったけれど、印象的なシーンだった。映写室にいたスサン以外のだれもが、伝説の野球選手タイ・カッブやウッドロウ・ウィルソン大統領が写った白黒のニュース映画を観るような、ぼんやりした映像と同じような原爆の映像のほかに、これほど鮮明な原爆による光景を目にしたことがなかったし、その光景は明るい青空の下で撮影されていただけに、視聴者には、なおさら不安な気持ちを強めることになった。広島と長崎は、どちらも周囲を小高い山に囲まれていて、美しい景色が、動物も植物も鉱物も何もかもが蹂躙され破壊し尽された映像として映し出されていたからだ。

スサンが撮影した映像は、この作品のなかにちりばめられていたが、その内容は大きく三つに大別される。すなわち、瓦礫とねじ曲がった梁が点在する広々とした廃墟、黒焦げになった彫像と破壊された教会や学校のような建造物の大写し、さまざまに負傷した被爆者たちだ。そして、色彩が鮮やかなこれらの映像は、これまで白黒のぼんやりした原爆の映像しか見たことのない人にとっては衝撃的だった。長い距離をカメラを移動させながら撮影する技術は、災害などの光景を撮影した映画などによく使われるハリウッドの技法で、たぶんスサンたちも、レールを敷いた台車にカメラを据えるか、自分たちのトラックにカメラを載せて撮影したのだろう。廃墟になった街をカメラを移動させながら撮影された光景と、街のなかを実際に歩きまわるのとでは、まったく異なる印象があり、このような技法で撮影された映像の方が見る人に強い印象として刻みこまれるものなのだ。

病院でのシーンは、医師たちが、まだ生々しいままの傷を消毒して包帯をする場面が映し出され、色彩がふたたび鮮やかになって、原爆によって顔と腕にやけどを負った痕にできるゴムのようなケロイドが、いっそう痛ましそうに鮮やかな赤みがかった色で映し出される。立ち上がることのできる患者たちは、その多くが女性と子供だったが、みずから進んでそうしているかどうかは別にしても、自分の顔の傷痕や体のやけどの痕が十分観察できるよう、少しずつ体の向きを変えながら撮影に応じている。それでも患者たちは、平静さと品位を保ちながらも、鋭い視線のなかに深い苦悩を湛えていて、その視線は、原爆を投下したアメリカに向けられているのだろうか？　それとも、自分を辱めて撮影の対象にしている目の前のスサンに向けられているのだろうか？

この患者たちとは別に、苦痛の様子を見せながら立ち上がれない一人が映し出された。この患者は、国連本部に展示されていた長崎の少年だった。少年のこんなひどい様子は、だれも想像できないほどで、うつ伏せになったままのこの少年は、ひどいやけどのため、俎の上でニワトリが翼を広げたように両腕を左右に広げたままにしている。肩口と上腕から背中全体にかけて真紅の湿潤した開放創になっていて、それでも被爆してから数ヶ月が経っているのだ。医師が片方の腕から包帯を取り除いたが、手の施しようがなく死を待っているかのようだ。少年は、顔をしかめて目を閉じ、口をしっかり結んでいる。とても生きのびることはできないと、そのときは思われたのだが、その後、長く生きつづけたことを、そのときいったいだれが想像できただろうか？

＊＊＊

一九八〇年代になると、核戦争の脅威が高まってきたが、それでもアメリカでは（海外では、ちがっていたが）、日本に原爆を投下したことは必要だったという考えに異を唱える人はほとんどいなく、広島と長崎の出来事が想い起こされるときでも、反核運動のなかでも、原爆を投下したことを非難するのではなく、あのようなことは二度とくりかえすまいと表明するだけだった。原爆投下を指示したトルーマンのことをどう考えようとも、核攻撃を容認することと、「二度とくりかえさない」ということばとが簡単に両立しないことだけは、はっきりしているのだが、結局のところアメリカは、「初めて使用した」核兵器にもとづく政策を主張（そして今ではトランプ政権がその政策を受け継いでいる）しつづけているのである。この政策によると、ある特定の状況では、とりあえず核兵器を使って先制攻撃をして、そのあとで問題を提起するつもりなのだろう。

いいかえると、核兵器を使用することに反対する本当のタブーはないということなのである。

核兵器を使用することに断固と反対できないまま、広島に原爆を投下したことだけは例外にしようということは、たったひとつでも例外を認めれば、ほかの例外も許されるということになるし（事実、広島と長崎という二つの例外を作っている）、核戦争における戦略を練ったり兵器を製造しながら、核兵器だけは使ってはならないと主張することなど、正直なところ、できるわけがないのだ。ようするに、核兵器を使用することに反対する確固とした方針が仮にあったにせよ、じつは心許なく流動的な状況のなかに置かれているのである。

結局このような状況のため、一九八二年現在にあっても広島と長崎のことが問題視され、議論がつづいている大きな理由なのであり、先制攻撃としての兵器を製造し使用するシナリオを入念に考えているかぎり、その兵器を使ってみたい誘惑（どんな核兵器であっても）には克てないのかもしれない。アメリカが真っ先に核兵器を使用するなどという場面を思い浮かべることなどできないだろうが、国防総省が、あらゆる事態を想定していることはまちがいないし、事実、アメリカは一九六〇年代以降、何度か核兵器の使用を匂わせて相手を威嚇しており、アイゼンハワー以外の歴代の大統領は、日本に原爆を投下したことを容認するか、もしくは沈黙を守ってきたのである。

わたしは、このような状況に対して自分なりの確固たる考えをもってはいたけれど、自分がなぜジャパン・ソサエティーの試写会へ行ってみるつもりになったのか、あれから十数年が経っても、はっきりしない。とはいえ、核兵器の問題と、わたし自身の問題を遡って考えてみると、わたしたちの考えは進歩したといえるかもしれない。それというのも、一九五〇年から一九六〇年代にかけて、わたしが住んでいたナイアガラフォールズという町には化学工場と電子部品の製造施設があり、近くには空軍の基地とナイキミサイルの発射場があったため、ソ連からの核攻撃の標的とみなされていたので、いつも脅威を感じてはいたけれど、その一方で、自分たちが住んでいる町は重要なのだということを当時は誇りにさえ感じていたからである。

　そのころ、学校にかよっていたわたしは、授業のあいまに核攻撃を受けたときの「机の下に入って身を守る（duck and cover）」という退避行動を取ったり防空演習をくりかえしながら、キューバ危機を耐え忍び、ネバダ州で何度か実施された水爆実験によって飛散した放射能の灰を含んだ雲が、ナイアガラフォールズの町の上空に流れてきたりした。一九七〇年代までのわたしは、*Dr. Strangelove*（邦題『博士の異常な愛情』）というブラックコメディー映画が大好きだったけれど、ジョン・ハーシーの『ヒロシマ』を読んだことはなかったし、*Hiroshima, Mon Amour*（邦題『二十四時間の情事』）という映画も観たことはなく、核兵器禁止の請願書に署名をしたこともなかった。そして、日本に投下された原爆は遠い過去の出来事であって、いまさら議論をする余地などないと思っていた。その後、一九八二年にアメリカ人として初めて、黒澤明（映画界の巨匠）と、王貞治（野球の名選手）の二人にインタビューをしたり、そのころに日本を初めて訪問したときは、報道関係者主催の二〇人のラテンアメリカ音楽家と一緒の遊山旅行だったのだが、その一方で、ジャパン・ソサエティーで上映された『予言』を鑑賞していて、フィルムの「隠蔽」という問題を暗示する意味からも重要な作品だと思っていたから、フリーランスの作家として、隠蔽されてきたフィルムの問題については、ずっと考えていたのである。

　ただ、あの日の試写会は、かなりの参加者があったわりには、そのあとの数週間は、『予言』にしてもハーバート・スサンのことについても、批評を書いた者はいなかった。

　一方、わたしは別のテーマについて執筆していた本を書き上げたばかりで、その本をどのように売り出そうかと考えることもできないまま、一九八二年六月十二日にニューヨークであった反核運動の行進に参加した。その日は明るい日射しの晴れやかな朝で、国連本部からセントラル・パークに至るどの通りも群衆で満ち溢れていて、ニューヨークで最大か、もしかしたら全米でも最大の抗議活動だった。この結集には、おそらく一〇〇万人の人たちが集まっただろう。それに『予言』のことも、わたしの頭からはなれないままだった。「ノーモア・ヒロシマ」と書かれた旗印が今まで以上に人々の印象に強く焼きついていたが、わたしは「そして、ナガサキも忘れるな！」と叫びたかったし、多くの人たちも、そう叫んでいるようだった。

　それから数週間が過ぎたが、反核運動はつづいていて、主流派の政治家たちは運動を支持し、活動家たちは、住民投票と、その年の秋に実施される選挙で反核を訴える立候補者を応援しようと訴えていたが、そのようななかで、わたしは唐突に国内の代表的な反核雑誌の編集長に指名された。『核の時代（Nuclear Times）』の創刊号は、ちょうど発刊されたばかりだったが、編集者が解雇されていて、そのとき、わたしはその出版社で仕事をしていたのである。

こうして編集長になって、取り上げた初めての重要な記事は、ハーバート・スサンの経歴についてだった。

スサンが撮影したフィルムがアメリカのドキュメンタリー映画のなかで初めて使われた *Dark Circle*（邦題『ダーク・サークル』）という作品は、一九八二年秋のニューヨーク映画祭で大きな反響を呼び、批評によると、この映画は、ウラン鉱石が採掘されてから原爆として人間に投下されるまでの放射性物質の成り行きをくわしく調べたものだった。初めてスサンにインタビューを申し込むため電話で連絡を取ったときは、いらいらした様子で、少し怯えたような印象だったが、スサンの話では、最近、仕事を辞めて、「放射能に被曝した兵士たちによく発症するとされる」悪性リンパ腫にかかっているということだった。それでも、自分が撮影したフィルムを今でも入手しようと考えていて、それを使って映画を制作するつもりらしかったが、「もう遅すぎるかもしれませんね」といった。

＊＊＊

インタビューをする予定の午後、わたしは同僚でレポーターのスーザン・ジャフィと、スサンが暮らすイースト三十番通りの高層アパートで待ち合わせたのだが、今回のインタビューのことは、周囲のほかの者たちには十分に伝えていなかった。ずんぐりした体つきのスサンは、だぶだぶの格子縞のワイシャツとズボン姿で、かすかに薬の臭いがしたが、わたしたちを温かく迎え入れてくれた。そして、「ハーブと呼んでください」といった。『予言』の試写会で見たときより、さらに弱々しく年老いた感じがしていて、六十歳なのに八十歳のように見え、額のところに気味の悪い瘤が盛り上がっている。妻は医者のところに行っているとのことで、住まいは、四つの大きな部屋で仕切られた手狭な造りの典型的なアパートだった（息子はスタテンアイランドで暮らし、娘は結婚してバージニア州で暮らしているそうだ）。

スサンが最初に見せたがったものは、テレビ業界で仕事をしていたときにもらった壁に掛かった賞状と、トルーマン大統領に贈呈した本で、その本は写真集で、原爆で廃墟になった広島の街の写真と、『予言』のなかに登場する、自尊心と恨みの混じった表情でポーズを取っている被爆者たちの写真を編集したものだった。その写真集は、一九四六年に除隊する前に、それまで自分が撮った写真について報告書にまとめて、大統領と陸軍長官と空軍のトップに提出するよう命じられたので作成したのだという。わたしたちが居間のコーヒーテーブルに座っていると、「この本を作る作業をはじめたんですが、当時は、目にしたものはどれも、ことばではうまく説明できないことがわかりました」といった。

スサンたちの撮影チームが日本の各都市を視察のため旅行しているあいだ、自分は日誌をつけていたが、帰国するため日本をあとにする直前に、奇妙なことに、その日誌が見当たらなくなっていたという。そのため、手元に保存していた写真だけをもとに写真集を編集し、一冊をホワイトハウスへ届け、もう一冊は自分のところに残し、何十年ものあいだ自宅のクローゼットの一番上の棚に保管して、子供たちには触れてはいけないと注意していたそうだ。

そのなかの写真の一枚に、正装した神主が年配の女性に小さな木箱を手渡している場面があって、木箱を受け取る女性が恭しく頭を下げている。「あの箱のなかには、広島の防空壕で亡くなった人の遺骨が入っているんですよ」スサンは穏やかな調子でそう説明してから、「防空壕のなかだったら核攻撃を受けても安全だと今では当たり前のようにいう人もいますが、広島にも長崎にも防空壕はあったんですよ。それなのに防空壕のなかには何も残っていませんでした。原爆によって、人間の体が跡形もなく蒸発していたんです！」と、半ば叫ぶように怒りを込めて語った。

スサンは、自分の生涯を語りたがっている様子だった。一九二一年にニューヨークで生まれ、南カリフォルニア大学で映画の撮影技術を学んだあと、いったんニューヨークにもどり、自分も戦争に役立ちたいと考えて軍隊に志願し、カリフォルニア州カルバー・シティーにあった陸軍第一映画部隊に配属されたという。その部隊にはロナルド・レーガン、ウィリアム・ホールデン、アラン・ラッドなどをはじめとする著名な俳優たちが任務に就いていて、「その部隊はジャック・ワーナーが編制したもので、おかげで所属する俳優たちが戦地に行かなくてもすむ隠れ蓑になったんですが、それはまた別の話です」と笑いながらいってから、おかげでレーガンは戦地に送られずにすんだので、「原爆の本当の影響がどんなものか、わかっていないんですよ。このことは、はっきりしています」と付け加えた。当時の自分の任務はプロパガンダ映画とラジオ放送のために原稿を書くことだったが、戦後になって、戦略爆撃調査団の一員として東京へ派遣され、気がつくと、一九四六年の一月には長崎に向かう列車に乗っていたという。スサンは話をつづけた。

「わたしたち一行は、細かな指示を受けないまま、日本各地を旅することになりました。実際のところ、三十八日間をかけて日本の二十二の都市を旅する、またとない機会だと思いました。もちろん、原爆を投下された長崎がひどく破壊されていたことは、みんなもよく知っていましたが、長崎に入る前には、だれも心の準備ができていなかったんです。わたしは衝撃を受けました。一発の小型爆弾で、こんなことになろうとは信じられませんでした。焼けただれた屋根瓦が至るところに散乱していて、街全体が静寂に包まれ、墓場のようでした。この写真のように、大きな工場が、空から巨大な手が伸びてきて押しつぶしたみたいになっています。建物が倒れた方向を見ると、原爆がどの地点に投下されたかを正確に知ることができるんですよ」

初めのうちは任務を楽しんだという。旅行中の食事は、捨てなければならないほどたくさんのステーキやアイスクリームを堪能した。しかし、まもなく別のことが心を捉えるようになったという。「自分たちは今、こんなことを二度とくりかえしてはならない状況のなかにいるんだと感じたんです。この様子を撮影しておかなければ、だれも知ることはないだろうと思いました。ホロコーストといってもいいような、この惨状を目にすれば、だれもが声を大にして平和を願うだろうと思ったんです。このことを訴えなければならない。あんな兵器がどこかにあると考えると、いったいどんな世の中に生きているのか理解できなくて、『あんな兵器がこの世に存在したまま人々が生きていくことなんてできない』と思ったことを覚えています」

ただ、撮影チームのほかの者たちは、だれも自分の想いに共感してくれなかったという。瓦礫のなかで楽しそうに写真を撮り合ったり、街の通りで原爆の遺物を拾い集めたりする者もいた。ダン・ダイアという国防情報局の文官は、原爆によって生じた爆風と熱線による被害状況だけを熱心に撮影したがっていたが、自分は、もっと深遠な、たぶん立場を危うくするかもしれない考えだと思いながらも、当初の命令にはなかった医療面と人体への影響を明らかにする撮影をしようと考えたという。

そのため、長崎に予定より長く滞在する許可を求めたあと、当時は希少だったカラーフィルムのうち太平洋全域に残っていた「すべて」を取り寄せて、そのカラーフィルムを使って、長崎赤十字病院と大村海軍病院に収容されていた被爆者を撮影する準備をととのえたという。「わたしたちが接した被爆者のだれもが、おとなしく撮影にしたがってくれたことには驚きました。いやがるのを無理やり写真に撮られるような人はいませんでしたし、腹を立てているような様子は少しもありませんでした」スサンはそう説明したけれど、写真を見るかぎり、スサンの語ったことが正しくないか、カメラが嘘をついているかのどちらかだ。それに、背中にやけどを負ってペニシリンの溶液に浸かった長崎の少年などは、ほかにどうしようもできなかったはずだ。おそらく、だれもが撮影に応じるしかなかったのだろう。それでもスサンは、「あの人たちに向けて、撮影に協力してくれれば、ここで何があったのかを世界中に知らせることができるし、こんな大量殺戮を二度と起こしてはならないと人々は考えるはずです、と説明したんです」といった。

被爆者のなかには、当然ながら、撮影されたあとに感染症や放射線障害のため亡くなった人たちもいたが、赤十字病院で医師たちから原爆によって感光したX線フィルムを見せてもらうまでは、放射能が何かさえ知らなかったという。「今では確信していますが、日本にいたときに放射能に被曝したせいで、癌になったんです」と、そっけなくいったが、もしそれが本当なら、スサンはアメリカ人の「被爆者」ということになる。

自分にとって広島の街は、川の風景や原爆で残った橋やオフィス・ビルなどが、ふるさとのマンハッタンを思い出させたという。ともかく広島を訪れるまでに廃墟はいやというほど見てきたが、その後も、撮影チームは日本各地をまわったあと視察は終了し、東京の近郊にある山あいで休養を取っていたとき、ＭＰがやって来て、本国へもどる命令を受けたので、自分が撮影したカラーフィルムを大型のトランク二つに収めて帰国したという（この件では、あとで上官からある用件を依頼された）。

帰国するまで空路で六〇時間かかったが、途中で着陸したのは燃料を補給するときだけだったという。帰国してすぐにペンタゴンへ向かったが、土曜日のため閉まっていたので、ワシントンの国際空港のちょうど北にあるブラドレー・ポイントの軍の建物にあった、箒を収納する部屋にいったんトランクを保管しておいて、月曜日にもう一度ペンタゴンへ行って戦略爆撃調査団のトップだったオービル・アンダーソン少将に帰国の報告をした。その際、オートバイが先導するＭＰによってフィルムが持ち去られたのはアンダーソン少将の命令によるもので、「あのフィルムは機密あつかいになったんだ。陸軍省で保管されることになり、フィルムの使用には政府からきびしい規制がかけられることになったからな」と伝えられたという。

その後、アンダーソン少将の指示で、フィルムは現像するため陸軍省から運び出されたそうで、「あのフィルムが極秘あつかいになったと知って、少なからず驚きました。なぜかというと、わたしたちが撮影をしていたことは現地の日本人たちは知っていましたし、撮影チームの中心だったカメラマンはハリー・三村といって、ハリウッドで一緒に仕事をしていた日本人でしたからね」といった。

「アンダーソン少将からは、陸軍省でひきつづき任務に残ってもらいたいと頼まれたので、わたしも、フィルムを使って軍のために映画を制作しようと思えばできたんですが、軍の方針が好きになれませんでした。軍の当局は、原爆がいかに効果的だったかを示したがっていて、ふたたび原爆を使用する可能性があったからです。当時の軍関係者の多くは、ソ連の何ヶ所かを標的に核兵器で攻撃するべきだと考えていました。アンダーソン少将は、軍のそのような方針とは異なる意見をもっていましたから、のちにトルーマン大統領から解任されたんです」

一九五〇年初頭、トルーマン大統領は、原爆を開発した多くの科学者やソ連にかんする専門家の意見には耳を貸さず、初めてとなる水爆、すなわち「超」の付く核兵器として知られることになった新型の核兵器を製造するよう指示し、ソ連も初めての原爆を成功させたあと水爆の開発を進めていたので、核開発競争がつづくことになったのである。

その後、陸軍を除隊したスサンは、母親が暮らすニューヨークへもどったのだが、それから約一年のあいだ、ニューヨークの街中を歩いていると、通りを歩く人たちの顔が、やけどやケロイドになって見えたり、アパートの建物や高層ビルを眺めると、それらが原爆で破壊された廃墟に見えるようになったそうだ。「心がひどく乱れて恐怖心に包まれ、母は心配するし、仕事も手につかなくなりました」と話すように、そのころはＰＡＴＳＤ（心的原爆外傷後ストレス障害（post-atomic-traumatic-stress-disorder））と呼ばれるような症状を起こしていたらしい。「その年に

『予言』を観た母は、わたしがなぜそんな奇妙な症状を起こすかがわかったんです。ありがたいことに、そのころにはCBSの仕事にもありつくことができました」

ここまで話をしたスサンは、薬のせいで眠気が強いから、あとの話は別の日にしてもらいたいといった。そして、わたしたちが辞去する前、「このあいだ、驚くようなことを知ったんです。長崎で背中にひどいやけどを負った少年のことをご存じでしょう? あの少年は生きのびていたんです。今でも元気で、長崎の郵便局で仕事をしているんです。結婚をして、健康な二人の子供までいるんですよ」といった。

＊＊＊

スサンの話は信用できそうだったが、少し大げさに語っているのではないだろうか? インターネットのない時代の事実を検証しようとすると、どうしても時間がかかるし、困難も伴うし、限界もあった。たしかにスサンには熱意があったが、長いあいだずっと原爆のことを考えつづけてきたせいか、一部の人たちからは厄介者あつかいにされてきたようだ。

スサンにインタビューをした一九八〇年代は、将来にわたって核攻撃の脅威が高まっていたのに、世論調査によると、ほとんどのアメリカ人は日本に原爆を投下したことに疑問を感じてはいなかったし、その傾向は今でも変わっていない。結局のところ、原爆を投下したおかげで戦争が早く終わり、結果的には数えきれないほどのアメリカ人の命を救うことになったと国民の多くが考えていたし、原爆にかんする世論調査によると、およそ二〇パーセントの国民は日本に原爆を投下したのはロシアだと思っていて、ほかの二〇パーセントの人は原爆は使用されなかったと回答していて、原爆の問題に熱心に取り組んでいる人たちは、このような回答の結果に失望するか、さらにやる気を起こすかすることになった。

原爆が投下されたあとに広島と長崎の街に入って、しばらく滞在していたアメリカ軍の将兵たちの体験を把握することは困難なことがわかった。何十万人ものアメリカ軍将兵たちが戦後の日本に駐屯したが、その実態は、一九五六年に封切られた *The Teahouse of the August Moon*（邦題『八月十五日夜の茶屋』）のようなハリウッド映画のコミカルな筋書きとはほど遠く、日本を占領したことは、ヨーロッパのように地元から歓迎されたりすることはなく、学術的にみても、取り立てて意味があることでもなかったのだ。そのうえ広島と長崎については、原爆が投下されて何週間、何ヶ月、あるいはその後の何年にもわたって、原爆がおよぼした影響について報道されることがなく、それがマッカーサーのプレスコードによるものだったのか、それとも報道機関が自己検閲によってあえて報道しなかったのかも明らかになっていない。

アメリカ軍は、広島と長崎で日本人が撮影した報道写真（日本で制作されたニュース映画のフィルムと同じように）をすべて没収し、それにどういうわけか、アメリカ国内の新聞各社は自社の報道カメラマンを被爆地に派遣することはほとんどなかったし、たとえ被爆地に派遣しても、瓦礫の写真や復興した風景を新聞に掲載するだけだった。そのため一九五二年までは、アメリカの主要な出版物のなかに原爆犠牲者の写真を目にすることはなく、一九四五年八月六日に広島の新聞社のカメラマンが撮った数枚の写真を雑誌ライフが掲載したくらいで、その写真のなかにも、原爆による遺体や瀕死の人たちが写った写真はなかった。

比較的些細な歴史上の資料についても、くわしく調べてみると、ショッキングな出来事が見つかるもので、たとえば、原爆が投下されたときの広島にアメリカ軍の将兵がいたという事実があった。その将兵たちは飛行機の搭乗員で、捕虜になった二三人が広島の中心部の何ヶ所かに分散して収容されていたため、一九四五年八月六日の原爆によって死亡したという事実は、一九七〇年代後半まで国防総省によって隠蔽されていたのである。この事実は、広島に原爆が投下された二日後に一機のB29が日本の近海に不時着しなかったら、おそらく知られることがないままになっていたことだろう。このB29は、海上に不時着したあと搭乗員たちは一隻の日本漁船に収容され、ロープで縛られて目隠しをされたまま被爆直後の広島にあった練兵場に連行された。

そのあと、捕虜になったこの搭乗員たちが群衆から暴行されるのを防ぐため、憲兵隊の隊長が宇品のはずれに連行することになったが、その途中の広島駅で憲兵隊長は搭乗員たちの目隠しを取って、「見てみろ、貴様らがやったんだ。一発の爆弾でだ！」と叫んだ。捕虜になったそのときの搭乗員の一人が、宇品に行くまでの「不気味な光景」を回顧しているが、まともに立っている家屋はなかったし、動くものは犬一匹おらず、憲兵隊長は、「一発の爆弾でだぞ！　一発の爆弾でだぞ！」とわめいていたという。

この捕虜たちは、途中から別の二人のアメリカ軍の捕虜と一緒にされた。一人は海軍のパイロットで、もう一人は空軍の軍曹だった。二人とも吐き気に苦しんでいて、口元と耳から緑色の液状のものが流れ出ていた。二人は、原爆が投下される前の広島市内に収容されていて、原爆が炸裂したとき汚水溜めに飛び込んで助かったが、一行と出会ったときには放射線障害にかかっていることは明らかだった。もっとも、放射線障害のことは、当時は、まだだれも知らなかった。夜になって、その二人の捕虜が収容室のなかで叫び声をあげているので、ほかのアメリカ人の捕虜が日本人の医師たちに、あの二人はどうしたのかと尋ねた。「どうしたのかって？　それは、こっちが訊きたいもんだ。君たちがやったことじゃないか」医師の一人がそういった。その夜まもなく、二人の捕虜は亡くなった。

日本が降伏したあとの八月二十八日、マッカーサー元帥が率いるアメリカ軍の第一陣が東京近郊の横浜に上陸し、数日のうちに一万五〇〇〇人の規模になった。そのなかには戦略爆撃調査団の先遣隊も含まれていて、この調査団は、ドイツに対する爆撃の効果を調査するため前年の十一月に組織されたもので、このたびは日本についても調査するため派遣されていた。

九月二日、東京湾に停泊していた戦艦ミズーリ艦上で降伏調印式がおこなわれて日本は正式に降伏したが、このとき、東京からはるか南と西にある長崎と広島で、原爆のあとで生き残った者たちの多くが、致死性の奇妙な病気にかかっていると日本側が主張していることについて、アメリカの国民は、ほとんど何も知らされていなかった（日本側のそのような主張は、大部分がプロパガンダだとされた）。また、欧米諸国の関係者たちが広島と長崎を訪れることはなく、被爆地の写真が出まわることもなかった。

九月三日までは広島に足を踏み入れるアメリカ人はいなかったが、一方で、アメリカ人に先んじて広島に入ったのは、オーストラリア人のジャーナリスト、ウィルフレッド・バーチェットで、もうそのときにはロンドンのデイリー・エクスプレスに*atomic plague*（「原爆による疫病」）と題して、原爆症によって死んでいく人たちを取材した記事の原稿をイギリス本国へ送っていたのである。また長崎に初めて足を踏み入れたアメリカ人は、シカゴ・デイリー・ニューズのジョージ・ウェラーだったが、のちにウェラーは、自分の書いた記事が、東京のマッカーサー司令部によってすべて没収されたことを知った。

九月八日、トーマス・F・ファーレル准将が、放射線科医一人とロスアラモスの科学者二人を伴って広島に入った。ファーレルは、マンハッタン計画の責任者レズリー・グローヴス少将の命令を受けて、広島における原爆の被害状況をとりあえず調査して、翌日には報告書を東京へ持ち帰ることになっていた。事は急を要していた。日本人が放射線障害で亡くなっていくにしても、それだけのことであり、それに対しては何もすることはないが、安全が確認されないままアメリカ軍の将兵たちが広島に進駐するとなると話は別だからだ。それから三日後、ファーレルは、広島には草木が生長していたから「毒性のガスは漂っていない」と報告した。

九月二十三日前後には、日本人のニュース映画の撮影チームがすでに被爆地で撮影をはじめていたころだったが、アメリカ軍の大規模な部隊の第一陣が長崎に到着し、二週間後には広島にも部隊が到着した。これらの部隊は、本州と、九州に進駐する二四万人のアメリカ軍の一部で、長崎港は機雷が敷設されていなかったこともあって、アメリカ軍の多くの部隊は長崎から上陸し、第二海兵師団は三個連隊とともに長崎に進駐し、アメリカ陸軍の第二十四と第四十一師団は広島に進駐した。アメリカ海軍は海兵隊を派遣して、収容されていた連合軍の捕虜を救出したが、海兵隊にとって陸上での任務（医療処置のほかには）はかぎられていた。

広島に進駐した部隊の多くは街の周辺にテントを張って駐屯したが、長崎では多くの部隊が街中に駐屯した。残留放射能はないと報告を受けていたから、予防措置を講じるよう指示された者はだれもいなかったので、爆心地のすぐそばのビルのなかで眠ったりする者や、地面に寝たりする者までいて、防護服も着用せずに遺体の処理をする者もいた。放射能検出バッジを身につけている者がいたとしても、ほんのひと握りだった。

「長崎の街をなんの防護もせずに歩きまわったんです。実際のところ、あの原爆がどんなものだったのか、無知だったんです」と元兵士が回顧している。別の退役軍人は、「ひどいもんです。平気で水を飲み、大気を吸い込み、瓦礫のなかで暮らしていたんですからね。任務を果たしていただけなのに」

サム・サイオンという海兵隊員は、ガダルカナル、タラワ、沖縄での戦闘を生きのびたあと、長崎に駐屯して、初めは焼失した工場のなかで睡眠をとり、そのあと学校の校舎跡で睡眠をとった。「放射能のことはもちろん、それが自分たちにどんな影響をおよぼすのか何も知りませんでした。何度も爆心地に行きましたが、行ってはいけないといわれたことは一度もありませんでした」とサムはのちに述べている。ところが、一年後に帰国したころから、髪の毛が抜けはじめ、体じゅうに腫れ物が出現し、それ以後も、さまざまな病気に苦しんだが、軍務に関連する傷害補償を受けることはできなかったという。

広島に駐屯する部隊が最大で四万人だったのに比べると、長崎に駐屯する部隊は二万七〇〇〇人からさらに増えつづけた。そのなかには軍医や従軍看護婦なども含まれていて、数ヶ月も滞在する者までいた。戦略爆撃調査団は当初、小規模の撮影チームを派遣して原爆による破壊状況を白黒写真に撮ることになっていたが、隊員たちは異口同音に、日本人のことを気に入っていたし、原爆によって戦争が早く終結したと思いながらも、目にするものすべてに深い感銘を受けたといった。「内心では、原爆とは、いったいなんだったのかと不思議に思いましたよ。実際に何があったのかを知ろうとすれば、そこで暮らしてみなければわからないんです」長崎に駐屯した退役軍人の一人はそう語って、原爆の脅威について述べたあと、「われわれは広島と長崎の軍事施設に原爆を投下したんじゃなかったんです。女性や子供たちの上に投下したんです。このことをアメリカは永遠に背負っていくことになるんだと、わたしは思っています」と語っている。

もちろんすべてのアメリカ人がそう感じていたわけではなかった。広島に駐屯していたエドウィン・ローレンスという曹長がのちに回顧して、「ジャップは報いを受けたんですよ」と述べていて、鮮明に覚えているのは、大気中にずっと漂っていた木炭のこげた臭いだけだったという。

マーク・ハットフィールドは、一九四五年当時はアメリカ海軍の若い士官で、のちに長年にわたり上院議員（ベトナム戦争に反対したことで知られている）を務めたが、駐屯した広島での「当時の強烈な記憶」を回想して、「自分の良心が受けた衝撃が、永遠にわたしのなかに刻みこまれた」と語っている。そして、一九八〇年に広島市長に宛てた書簡で、議会での自分の政治信条と人生観は「あなた方の街の通りを歩きまわった体験によって形成されました」と述べて、「核兵器を廃絶するため、自分にできることを懸命におこなっています」と書き添えている。

歴史学者のジェイコブ・ブロノフスキーは、一九六四年に出版した随筆 *Science and Human Values*（「科学と人間の価値」）は、一九四五年十一月に原爆の実態を調査するためイギリス軍に同行して長崎を訪れたことがきっかけで書き上げたと述べている。日が暮れてからジープで長崎に着いたブロノフスキーは、月のクレーターのような荒涼とした光景を目にして、「わたしが書いているように、その光景を見た瞬間というのは、自分が生きてきたのと同じほどの鮮明さで、わたしの前に差し出されたものだった。これは万人にとっても普遍的な瞬間なのであって、文明は、その意味を問われているのである」と書いている。そして、科学の生み出す力が善をもたらすのか、それとも悪をもたらすのかは、長いあいだ人類を悩ませてきているが、「わたしたちが人間に対して無関心という態度を変えないかぎり、一九四五年には何も起きなかったことになるのだ」と述べている。

帰国したブロノフスキーは、イギリス政府の当局者と国際連合の関係者たちに向けて、廃墟になった長崎をあのまま残すべきだと主張し、その後のあらゆる会議の場においても、「あの灰燼にまみれた荒涼とした瓦礫の海原を保存して、この禁断の光景を目にするだけで、国民の代表である政治家たちは現実的な政策を考えることができるはずだ」という重要な問題について話し合いたいと考えたが、同僚たちはほとんど関心を示さず、ブロノフスキーによると、「同僚たちは、政府の代表団が長崎を目にしても、ただ不愉快に感じるだけだろうと述べた」という。

　アメリカ軍が日本を占領していた当時の、もっとも奇怪なエピソードのひとつに、一九四六年一月一日に長崎であった出来事がある。アメリカの国内では、元旦にカレッジ・フットボールとして有名なローズ・ボウルや、ほかのおもなカレッジのフットボールの試合がおこなわれるが、日本に駐留していたアメリカ軍のあいだでも、その日を記念して将兵たちの士気を高める（少なくともアメリカ人にとっては）ため、海兵隊の二つの部隊がチームを作ってアトム・ボウルと銘打って対戦することになった。そして、ある通信社が伝えたように、「塵埃や瓦礫が散乱する」残骸を片づけた長崎の広場で試合がおこなわれたのである。

　両チームとも、以前にカレッジで選手をしていた者やプロの選手たちで編成されていて、「ベアズ」は、一九四三年にハインズマン賞を受賞したノートルダム大学のアンジェロ・バーテリがクォーターバックを務め、一方の「タイガーズ」は、一九三九年にプロ・フットボールで優勝したシカゴ・ベアズの「弾丸」ビル・オスマンスキーが出場して注目を集めた。海兵隊の隊員たちが廃材を使ってゴールポストや観覧席を作り、当日の長崎はひどく寒く雪が舞っていたので、そんな天候も祖国のアメリカを思い出させてくれて、楽隊が応援歌「オン・ウィスコンシン（On Wisconsin）！」を演奏した。ルールは、試合場にガラス片が散乱しているという理由から、タックルのかわりに両手タッチに変更され、観客は二〇〇〇〇人以上になった。

翌日の新聞には、試合場の近くに破壊されたまま残っているビルの骨組みのところで、何人かの日本人が試合を観戦していたと書かれた。そして、それから数ヶ月後に、スサンたちの撮影チームが長崎に到着したのである。

七〇〇〇人以上の連合軍の捕虜が長崎の街中をとおりすぎたが、それと同じ人数の進駐軍も毎月のように絶えまなく長崎の街に入ってきた。その後、一九四六年四月までには、アメリカ軍は広島から部隊を撤収させ、八月までには長崎からも撤収させたが、推定で一一万八〇〇〇人の将兵が、ある時期に一度は被爆地を通過していたことになり、そのなかには、おもに観光目当てで滞在し、廃墟のなかを歩きまわって写真を撮ったり、原爆による遺物などを買い込んだりした者もいた。

ところが、アメリカに帰国したこれらの将兵たちの多くは、奇妙な発疹や腫れ物に悩まされることになり、数年後には、放射能の被曝によると思われる甲状腺疾患や白血病のような病気や、多発性骨髄腫や、スサンに発症した悪性リンパ腫のような悪性腫瘍にかかる者がいた。放射能との因果関係は、ほとんどの場合は疑い以上には証明されず、広島と長崎に駐屯した退役軍人のために新たに設立された委員会が奔走したにもかかわらず、身体障害と補償の認定請求はすべて却下された。一九八二年に出版された *Killing Our Own*

（『わたしたちも殺される』）という本では、これらの将兵たちの症状は、「放射線障害を発症したアメリカ人のさまざまな症状に酷似したものなのに、障害の原因を引き起こした政府をはじめとする関連機関からは、ずっと無視され、否定されてきた」と訴えている。

軍の当局は長いあいだ、被爆地の放射能はすみやかに消失したので将兵たちには危険性はほとんどないと説明しており、一九八〇年に国防核兵器局は、「医学的見地からいうと、多発性骨髄腫が電離放射線による被曝と関係あるかどうかは、どちらともいえないと考えられる。すなわち、放射能に被曝したことで、この病気の発症リスクが高まる可能性はあるにしても、科学的には証明されないということだ」と結論づけている。

それから数年のあいだには、ネバダ州と太平洋で実施された何百回かの核実験に参加した部隊の数千人の「被曝退役軍人（atomic vets）」も、広島と長崎に滞在したときと同じような、放射能の被曝による症状と後遺症を引き起こした。広島に原爆が投下されたあとからはじまった核開発競争のために投じられた国家予算は数兆ドルになり、その一方で、一九五〇年代から一九六〇年代にかけて驚くほど増加した大規模な核兵器の製造施設で起きた事故や被曝によって、数えきれない人たちが亡くなったり障害を受けたりしているが、広島と長崎に入市しながら長いあいだ見過ごされてきた将兵たちは、第二次世界大戦の歴史のなかで広く語られることのなかった立役者なのであり、まさに初めての「被曝した兵士たち（atomic soldiers）」だったのである。

＊＊＊

スサンの二回目のインタビューのときには、前回より少し元気そうな様子だったが、顔はまだ青ざめていて、部屋のなかを幽霊のように足をひきずるようにして歩いていた。今回も、妻は病院に行っているとのことで、スサンのまわりには病気がさまよっているようだった。

今回のインタビューでは、テレビ界での長年の経歴について熱心に語りはじめ、一九四八年にＣＢＳで脚本家としてスタートしたあとディレクターとプロデューサーになり、昔のままのグランド・セントラル・ステーションの上階にあったスタジオから、一台か二台のテレビカメラを使って生放送をしていたと語った。スサンの説明によると、当時は、テレビの仕事をつうじて関係者のだれもが顔見知りになっていたから、所在さえわかれば自分が撮影したフィルムを入手できる、またとない機会だったので、軍の当局から自分のフィルムを入手しようとしたが、もうそのときには、うまくいかなかったという。

「ダン（ダニエル）・マクガバンという撮影チームの一人が四六時中、フィルムを管理していたんです」と、マクガバンの名前を初めて口にした。「マクガバンがフィルムを守ろうとしていたかって？　それは、わかりません。当時は中尉で、のちに中佐に昇進しましたが、あのフィルムの場面は、むごすぎるから公表することはできないと、わたしに伝えたんです」スサンは、自分が撮影した機密あつかいのフィルムを使って国防総省が軍事教練用に映画を制作しようとしていることを知ったが、その映画は原爆の脅威を伝えることではなく、原爆をどのように運用するかを教える内容だった。「わたしが考えていたこととはまるっきり反対の目的でフィルムを利用しようとしていたんです」

そのころにトルーマン大統領に手紙を書いて、フィルムが使用できるよう仲裁してもらいたいと願い出たが、無駄だったという。「原爆を使用したことが正しくなかったと訴えつもりはなく、ひとつには、それまで多くのアメリカ人が目にしていた原爆の写真のほとんどは瓦礫の光景ばかりでしたから、わたしが撮影した映像を見てもらって、原爆がおよぼす本当の影響をアメリカ人にしっかり理解してもらいたいと考えたからなんです。そして今ひとつは、原爆の本当の影響を人々が知れば、ふたたび核兵器を使用することに反対する大きなうねりになると思ったからです」スサンはそう説明した。

フィルムを入手できる手がかりがないまま、CBSで当時、人気があった*See It Now*（「今を知る」）というドキュメンタリー番組を制作していた同僚のエドワード・R・マローに打診してみたという。「マローは、わたしの話をざっと聞いてから、そのことに首を突っ込む気にはならないといいました。理由は説明しませんでしたが、マローは人気者でしたし、友人に原子力委員会の委員長だったデヴィッド・リリエンソールがいましたからね」

一九五五年にはＮＢＣに移り、デイヴ・ギャロウェイが司会を務める *Wide, Wide World* という幅広いテーマを取り上げて人気のあった日曜日のシリーズ番組を制作した。そのころＮＢＣで夜に放送される番組のニュースキャスターだったチェット・ハントリーとデヴィッド・ブリンクリーに会い、フィルムを入手する手助けをしてほしいと頼んだが、「ＮＢＣのニュース局としては、当時は取り上げたくないテーマだと思ったようです。ネットワークの関係者はだれも、軍の当局や政府の主張することに反対してまで争うつもりはなかったんです。現在とは事情がちがっていました」一九五六年には *Force for Survival*（「生きのびる力」）という映画を制作することになり、その件で国防長官と参謀本部の関係者に面会できることを期待して、映画の関係者として戦略航空軍団のトップに、この映画を制作する趣旨を説明してもらいたいと頼んだら、「一発の核爆弾で、ひとつの街を破壊することだ」と、いたって簡単なことばで説明を受けた。

その映画の脚本は、承認を受けるため軍当局に送られ、スサンによると、ペンタゴンは先のことばを「一発の核爆弾で、ひとつの軍事施設を破壊することだ」に書き換えていたという。

それから数年が経ったが、何度もフィルムを入手する手がかりを求めつづけたという。「わたしは一個人で、組織ではありません。自分一人でやろうとしましたが、周囲の流れに逆らっていたんです。わたしが知るかぎりでは、どうもがいても解決できないことでした。なぜフィルムが機密あつかいになっているのか、だれも知らない秘密だったんです」一九六二年には司法長官のロバート・ケネディにフィルムのことを問いただした。ケネディは、*The Law Enforcers*（「法の執行者」）というテレビのシリーズ番組で解説を担当していたが、「司法省としては、フィルムの機密を解除するつもりはないし、できないと伝えられました」とスサンは語った。

その後、映画制作をおこなうスクリーン・ジェムズに移って、インターナショナル・プロダクションのトップとなり、さいわいにも一九六三年にジェムズは、*The Decisions of Harry Truman*（「ハリー・トルーマンの決断」）というシリーズ映画の制作に乗り出していて、その制作のため、前大統領のトルーマンがヘンリー・ハドソン・ホテルでインタビューに応じるためニューヨークにやって来た。「わたしと妻は何度かトルーマンと昼食をともにしました。その際にフィルムのことについて尋ねたら、その件についてはよく知らないが、確かめてみようといってくれました。しかし、あとになって、フィルムは機密あつかいになっていて解除はできないという返事でした」

スサンは人の手を借りないことに決めて、一九七三年にベン・グラティスというプロデューサーと一緒に、戦略爆撃調査団のフィルムが保管されているという情報をたよりにカリフォルニア州のノートン空軍基地を訪れた。ところが驚いたことに、日本にいたときの上官で、戦後にフィルムを「世話（babysat）」していたとされるダニエル・マクガバンが民間の映画プロデューサーとしてノートン基地にいたのだ。マクガバンは、保管されているフィルムの目録カードを見せてくれて、自分が撮影したフィルムも一緒に保管されていることがわかったが、「カードには、まだ機密あつかいと記されていて、マクガバンは機密あつかいなんだといって、それからあとになっても一度も報告してくれませんでした」と苦々しそうにいった。

　それから十年が経った一九八三年に、フィルムはようやく「機密解除」になったが、そのころはひどく苛立っていたという。フィルムは利用できるようになって、世間の関心も高まってはいたが、自分の体調が思わしくなかったのだ。またしても、どうにも解決できない事態になっていた。「悪性リンパ腫のせいで、何をするにも気力が残っていなかったんです」といい、そのせいもあって、ずっと昔に撮影した被爆者たちと自分とをいっそう重ね合わせるようになったという。「軍の当局は、放射能は残留していないと説明したんですよ。なぜかというと、原爆は上空五〇〇メートルのところで炸裂したからだというんです。だから、わたしたちは何も心配せずに、放射能測定バッジも付けずに被爆地のなかを歩きまわり、水を飲んだりしたんです」と暗い表情でいってから、「わたしたちは、平気でなんでもやったんです。何も知らずにね」と笑った。

　撮影チームが広島に滞在して撮影をしているあいだに、アメリカ軍によるこのたびの視察計画のことを記録するため、天皇の裕仁が任命した日本人の男性カメラマンと親しくなったが、それから三十五年後、そのカメラマンが悪性リンパ腫で亡くなったことを知った。「わたしもその人と同じ病気で二ヶ月のあいだ入院していたんです」といったが、撮影チームのほかの隊員が悪性腫瘍にかかったかどうかは知らなかった。退役軍人の団体に連絡を取ってみたが、それ以上に追及する気力がなかったし、悪性リンパ腫のせいでひどく体調が悪く、補償を求める気にもならなかったという。

それでも、自分のフィルムをなんとかしたいと最後まで全力を傾けた。「わたし個人としては、上手に話をしたり訴えたりすることができるとは思っていませんが、あのフィルムは正しい方面に使われるはずだと思っています」といった。先日、テレビに俳優のポール・ニューマンが登場しているのを見ていたら、ニューマンが語っていることは核兵器の数がどうだとかいう話ばかりだったという。「だれも四万個の核弾頭を見た人なんかいないんですから、そんな数だけじゃあ説得力はありませんよ」といって、そんなことより、はるかに効果的なのは、自分が制作した映画を観てもらうことだと語った。「当事者が語れば、非常に説得力があり、意味深いものなんです。作り話じゃありませんし、ただ報道するだけじゃないいんですから。本人がその場所にいたんですからね」

実際に撮影をした人間でないと、知らずに紛らわしいような出来事もあるとスサンはいう。たとえば、一九四五年八月六日に原爆が投下された広島の爆心地から六〇〇メートルほどのところに焼けただれた路面電車が放置されていて、原爆が投下された直後の車内は女学生たちの遺体でいっぱいだったことを聞かされたり、長崎では、原爆でひどく破壊された聖堂でおこなわれたミサを撮影した場面をくわしく語ることができるのは自分しかいないと考えている。「軍の当局は、そんな映像にはなんの関心もありませんでしたが、わたしは理由があって撮影したんです」そう語りながら、少し息を継いでから、自分がずっと昔に撮影した多くの光景を本当に思い出しているのか疑われていると思ったらしく、「あのフィルムを撮影したときのことは全部、よく覚えていますよ」といった。

＊＊＊

二回目のインタビューのあと、話のなかに登場する人物や、調べなければならない問題が多岐にわたった。真っ先に取りかかったのは、ダニエル・マクガバンの所在を確かめることだった。マクガバンは、当時のフィルムを使って軍当局のために映画を制作する手伝いをしたあと、何年か何十年かのあいだフィルムを管理していたと聞かされたからだ。

何よりもわたしは、スサンが日本での撮影の任務に熱心に取り組み、その後にフィルムを探し出そうとする、半ば英雄的ともいえる努力（もちろん、その動機についても）が、とやかく疑われている点をはっきりさせたかった。スサンはフィルムを映画化して、どうするつもりだったのだろうか？　もしかすると、その映画が評判になったら、自分の反核思想を広めて名声を得るか、ひともうけしようと考えているだけかもしれない。それに、日本人の制作したニュース映画のことはどうなったのだろうか？

そんなことを考えながら調査を進めることにして、まず陸軍に一通の手紙を書き送り、もしマクガバンがまだ存命なら、わたしの手紙を転送してもらいたい（当局は、ジャーナリストや怪しげな人物には軍関係者の所在を明らかにしなかったので）と依頼する一方で、ミズーリ州にあるトルーマン図書館には、ハーバート・スサンからトルーマン大統領に宛てた手紙があるかどうか探し出してほしいと依頼しておいた。

スサンが語った内容については、まだ多くの調査を必要としていたけれど、スサンの経歴については、一九六九年にキャメロン・ミッチェルとスコット・ブレディが主演した *Nightmare in Wax*（邦題『蝋人形は生きていた』）というハリウッドのホラー映画のプロデュースをしていたことなどから、本人が手がけた長編映画が評判を呼んでいたことは、すぐに明らかになった。映画百科事典によると、その映画は、精神に異常をきたした蝋人形館の管理人が人間を生きたまま蝋のなかに封じ込める物語で、その蝋人形たちがゾンビとなって夜中になると歩きまわるという筋書きだった。ただ、それよりも評判になったのは、一九五五年から一九五八年まで放映された *Wide, Wide World* で中心的なプロデューサーを務め、一九五八年から一九六〇年までＮＢＣの特別番組の主任ディレクターとなって、ハントリーとブリンスクリー（この二人は一九五六年のイブニングニュースの司会を務めていた）に親しく接していたことだった。ただ、ワシントンにあるブリンスクリーのオフィスがわたしに語った話によると、ブリンスクリーは、数十年前の原爆にかんするフィルムについて、だれかと話し合ったかどうかは思い出せないとのことだった。

エドワード・マローとロバート・ケネディは亡くなった。ハリー・トルーマンも亡くなっていたが、トルーマン図書館の担当者は、一九五〇年九月二十五日に、スサンがトルーマン大統領に宛ててCBSテレビの便箋を使って書いた二ページにわたる手紙と、それに対する一通の返信という、貴重な資料を探し出してくれた。

スサンがトルーマンに宛てた手紙によると、自分は戦略爆撃調査団の「制作部長（production manager）」として任務に就き、原爆による「医療上、風紀上、物理的破壊状況を映画化するため数千フィートのカラーフィルム」を使って撮影したと説明している。そして、撮影をつづけているうちに、そのフィルムを使って国民に向けたドキュメンタリー映画を制作しようと考えついたが、陸軍省から「フィルムはすべて最高機密としてのあつかい」にされたと述べてから、「しかしながら、このフィルムはノーカットで映画化するべきです」と訴えている。

その理由とは？　そのころ政府は、日本に投下した原爆の影響と、万一、核兵器による攻撃を受けたときに生きのびる方法について、国民に向けた書籍を発行していたが、「わたくしとしましては、この重大な問題を考える今こそ、アメリカ国民に対して、強烈で、直接的に伝えることのできる情報を映画にして発表するときだと思うのです」としたためている。

「わが国の歴史上この重大なときにあたって、映画は、直面している核兵器のもつ意味と影響を鮮やかに表現してくれるのであり、独自のその視覚効果によって、最近発行された書籍よりも何倍もの説得力をもつ記録となるのです。そのために、わたくしはできるかぎりの努力を惜しまないつもりですし、時代がこの映画の発表を待ち望んでいる気がしています」

この手紙には、いくつかの点で重要な内容が含まれている。スサンがインタビューのなかで語っていたとおり、フィルムを映画化するという問題をホワイトハウスまで持ち込んだ事実がはっきりしたことであり、大統領に偽りを語っていないとすれば、スサンが日本での撮影チームで「制作部長」という高い地位にあったことが明らかだし、以前に語っていたとおり、トルーマンに手紙を書いたときにはフィルムが機密あつかいになっていたことも確かということになる。映画を制作する動機については、この手紙によると、何はさておいても核兵器の脅威からアメリカ人を守るために尽力しようとしていたことになるが、一方で、核兵器が「意味するところ」に向き合う必要があり、水爆が完成する前に核兵器は使用できないようにしなければならないことを、すべての人（大統領も含めて）に警告したかったとも解釈される。そして、核攻撃を受けたときに生きのびる方法について書かれた書籍を政府が発行した機会を利用して、日本への原爆投下が核兵器による最後の脅威となるよう訴えて、フィルムを入手する手がかりを得ようと考えたのかもしれない。トルーマン大統領に手紙を書き送った翌週の一九五〇年十月三日、トルーマンの側近で大統領補佐官のダラス・ハーヴァースタットがスサンに返信を書いている。それによると、あのカラーフィルムはすでにハリウッドのＲＫＯが独占的に四本の映画を制作するのに使用したと事務的に伝えていて、スサンが撮影したフィルムは「芝居じみたり娯楽風の目的ではなく科学的な立場から撮影されていますので、ＲＫＯがフィルムを編集するのに大変苦労をしたことがわかっています」と書かれていて、さらに空軍としては、「映画のテーマが一般大衆に広く訴えたり伝えたりする内容ではないと考えていて、このフィルムを使って一般向けの映画を制作することは非常に困難であり、しかもフィルムがカラーなので、製作にも費用が相当かかることになります」とも書かれている。

結局、スサンの訴えに対する回答は、これだけだった。フィルムに娯楽性がないとハーヴァースタットが述べたことは認めるにしても、「一般大衆に広く訴えたり伝えたりする内容ではない」というのは道理に合わないことだが、いずれにせよ、この手紙のやりとりから、のちにトルーマンに面会して、あらためてこの問題を取り上げたと語ったスサンのことばも信用できることになった。

＊＊＊

ほかの資料からも、さらに情報が集まった。スサンの友人で同僚のプロデューサーだったベン・グラティスが、一九六〇年半ばにスサンがフィルムのことを話していたことを思い出して、一九七三年ころにフィルムを探し出すため一緒にノートン空軍基地に行ったことはまちがいないと語ってくれたのだ。グラティスも、核開発競争の初期の時代にアメリカの国民があのカラーフィルムによる映像を目にしたら、莫大な費用をかけて危険な次世代の核兵器を開発することに反対するかもしれないというスサンの意見に共感していた。当時はニュース映画をカラーで撮影することはほとんどなかったから、「カラーで撮影された血や、やけどのシーンはいっそう、むごたらしく見えるんです」とグラティスも述べている。

わたしはワシントンまで行く時間がなかったので、国立公文書館の担当者にあてて、所蔵資料のフィルムのなかから人体を撮影した部分を教えてもらいたいと頼み、調べてもらった結果、日本で撮影されたフィルムの約五分の一は被爆地を記録したもので、その部分のフィルムのリストを送ってもらうことになった。担当者は、空軍から収集した資料に付けられた目録カードには、「大きなゴム印」が押されているといった。

もちろん、それらの資料は、すでに公開されていて、公式に機密という立場は意味をなしていなかったのだが、「そのフィルムが存在していることを知らなければ、機密あつかいのころと同じように日の目を見ることはなかったでしょうね」と担当者はいった。

こうして何本かのフィルムのリストが届いてみると、否応なしにフィルムに何が撮影されているかを「知る」ことができることになった。たとえば一一〇一〇番というフィルムについていうと、長さが七八〇フィートのフィルムの主要な部分はすべて長崎で撮影されたもので、「原爆、物理的な被害状況」と記されていて、「鉄骨だけになった屋根、焼けただれた瓦、損傷した神社、日本人、損傷し倒壊した拘置所、爆風により損傷した聾唖学校、倒壊した商業学校、倒壊した工業学校、爆風により倒壊した城山国民学校、倒壊した家屋」のように記されている。

わたしが知っているかぎり、未編集のそのフィルムを映像として実際に目にした唯一の人は、『ダーク・サークル』の共同ディレクターをしていたクリス・ビーバーだった。カリフォルニアに住んでいるクリスに連絡が取れたとき、「あのフィルムは、ぞっとする内容でした。たとえば、片目を失った人が映し出されて、医療スタッフがガラス片をつまみ上げながら、そのガラス片で目の傷がどのように生じたか示しているんですよ。別の場面では、日本人の医師が何人かの患者のケロイドを示したあとに、白衣を脱いで、自分のやけどと傷を見せているんです。そんなものばかり見せられたら、本当にどうかなりそうですよ」といった。

クリスが初めてその映像を観たときは、途中から泣き出して、観るのを中断しなければならなかったという。「実際にその場所にいるみたいでした。それまでは、白黒映像に慣れていたので、カラー映像はひどく生々しく強烈でリアルだったんです。初めに瓦礫が散乱した場面が映し出されて、それからゆっくりとカメラの視線があがってゆき、つぎからつぎへといろいろな場面を見ていくわけですが、いったい何を見ているのか信じられないくらいで、その光景が、ずっとはるか彼方までつづいているんです。こんな光景をわたしたちが見ることを政府が望んでいなかったことは、まちがいありません。政府は、国民があんな光景のなかに自分を置いた場面を想像させたくなかったんだと思います。原爆について知識を得ることと、その光景を映像で見ることとは、まったく別なことなんです」とクリスは説明した。

一方、フィルムの所在を最初にまで遡って、その後の行方を順次たどってみようと考えて、フィルムがペンタゴンから運び出されて最初に保管されたオハイオ州のライト・パターソン基地に連絡を取ってみた。基地の担当者の話によると、フィルムは一九六七年ころにノートン空軍基地へ移されたそうで、その基地には、「映画を制作することができるほどの立派なスタジオがある」ということだった。それでノートン基地に問い合わせてみると、ダニエル・マクガバンが長いあいだそこで仕事に就いていて、つい最近、退職したとのことだった。フィルムがいつ機密解除になったのかについては不明ということだったが、原子力委員会が、ある時期に「解除を決定したはずだ」ということだった。

以上のような話だったので、フィルムのことについてマクガバンに尋ねてみようと思っていたところ、デスクの上に本人から資料の入った包みが届いていて、なかに手紙が同封してあって、よかったらカリフォルニア州ノースリッジの自分のところに連絡してほしいと書かれてあった。

二　マクガバン

退役したダニエル・A・マクガバン中佐から思いがけず届いた分厚い包みのなかには、新聞の切り抜き一枚と一緒に、以前は機密あつかいとされていた十数ほどの文書のコピーが同封されていた。手紙には、「必要なら、どうぞ自由にお使いください。少しでもお役に立てれば、さいわいです」と書かれている。文書のなかには、アメリカ陸軍の撮影チームに対して、日本にある十九ヶ所の都市を視察する命令書のコピーも含まれていた。

命令書は、アメリカ陸軍太平洋方面総司令部の「マッカーサー元帥の命令による」もので、一九四六年一月一日の日付が入っている。その命令によると、この「至急任務」は三十八日間で実施することとし、一一人で編制されたチームは、三人の士官、六人の下士官、二人の民間人から構成されていて、それぞれ氏名が記されているが、この文書から明らかになったことは、チームの責任者はダニエル・A・マクガバン中尉で、ハーバート・S・スサン少尉ではないことだった。スサンは序列としては、ロバート・H・ウィルダーマス中尉のつぎに記されているからである。

二人の民間人というのは、ダン・B・ダイアとアーネスト・M・ホールで、ほかに三人の軍曹（そのなかには通訳らしいシモムラ・ミチオの名前がある）と三人の伍長の名前が記されている。このメンバーは、戦略爆撃調査団の責任者から、日本の各都市の「植物、建物、機械設備、建造物と、その具体的な内容」を調査し、「このたびの任務を遂行するために必要な場合は、映像として撮影し、軍民の関係者から聴き取りをおこなうこと」と指示されている。スサンが以前に語っていたとおり、人体への影響を撮影したり、病院を訪問するという指示については書かれていない。

届いた包みのなかには、フィルムの各巻に何が撮影されているかの概略と、各巻のフィルムの長さが記されている。コダクロームの約一万九〇〇〇フィート分の一六ミリカラーフィルムは広島と長崎で撮影するために使用されていて、それと一緒に、長崎で撮影された三五ミリのテクニカラーフィルムも少しあった。ほかのフィルムは、爆撃による日本の各都市の被害状況と、京都の美術工芸品や、「蹴鞠」という日本の古代のフットボールゲーム、「飛行服を着用した三人のパイロット」が神風特攻隊の儀式を再現している場面（場所は不明）、日本各地の「仮設の家屋や小屋」などを撮影したものと記されている。

今ひとつ重要な文書としては、マクガバンの上官だったオービル・A・アンダーソン少将が一九四六年七月十日にワシントンのアメリカ陸軍航空隊司令官に宛てた三ページにわたる手紙があった。その手紙によるとアンダーソン少将は、撮影チームが任務を終えて日本の三十ヶ所の地域で九万フィートのフィルムを撮影したと報告していて、このフィルムの長さから考えると、「原爆による物理的な被害状況と医学上の結果」のほかに、日本の各都市に対する通常爆弾による被害状況を「できるだけ完全な映像」として撮影していたことがわかる。

それにしても、このフィルムをどのように活用して広めるつもりだったのだろうか？「軍事的、政治的な立場」から考えて価値あるものとするため、アンダーソン少将は、「一般向けに公開する時期はできるだけ遅くして」、そのかわり本格的な映画を制作することを提案していて、撮影を担当した下士官たちは陸軍を除隊してもよかったが、映画の制作が進められるのであれば制作をつづけたいと全員が思っていると述べている。その後、どのようなテーマで映画を制作するかという「差し迫った重要性」があったため、アンダーソンは五つに区分した軍事教練用の映画を制作することを考えつき、そのなかには原爆による物理的な影響を示すものと、医療上の効果について説明するものも含まれている。

さらに、軍事教練用のほかに六番目に考えられた映画はとくに興味深い内容で、「一般大衆を対象として、アメリカ陸軍航空隊が日本に対して成し遂げた劇的な戦果を描くもので、八〇〇〇万人の国民を視聴者とする目的」のものだったとされ、この映画については、ハリウッドのワーナーブラザーズが陸軍航空隊のため無償で制作することを申し出て、陸軍航空隊もこの映画の脚本内容を承認している。そして、手紙のつぎの文面には、フィルムを厳格に管理してもらいたいという強い想いがあらわれている。

「フィルムが純然たるドキュメンタリー映画としての性格を有していることを考慮すれば、上記の方針にもとづく映画が完成するまで、このフィルムをニュース映画や一般に広く伝える内容として利用しないことが求められる。上記の映画が完成する前に一般向けの映画として公開してしまうと、国民に対してだけでなく、軍事的および政治的な意義においても、本来必要とされる目的が弱まるからである」

マクガバンは、これだけの資料では十分でないと思ったのか、新聞の切り抜きを同封していて、それには、フィルムを使った映画の制作責任者として自分が役割を演じていただけでなく、日本人から没収したニュース映画のフィルムも自分が管理していたことについて書かれている。

一九四六年九月十二日付の、この日刊新聞バッファローの夕刊記事には、マクガバンが撮影チームで中心的な役割を演じていたことがはっきりと述べられていて、戦争が終わるとマクガバンは、「何本かのドキュメンタリー映画をただちに制作しなければならなかった。そうしなければ進み行く歴史を記録する機会が失われてしまうと考えたからだ」と書かれている。

そして、まず初めに日本人が撮影したフィルムを責任をもって「保管する」ことになり、そのあとになって、自分たちもカラーフィルムを使って撮影する任務を戦略爆撃調査団から任せてもらうという考えを「編み出し」、そのフィルムを使って今月中に映画の「最終的な編集作業」をおこなうとしている。こうしてマクガバンの一行は、飛行機、ジープ、列車を使って、「この大規模な計画の結果として、アメリカの国民が現在の日本の様子を知ることに役立つ」ことを期待したのだとあり、その映画は *Japan in Defeat*（「敗戦後の日本」）と名づけられることになったと書かれている。

バッファローの夕刊記事には、このほかにマクガバンの経歴もくわしく記されていて、それによると、第二次世界大戦の初期、身長一八七センチのマクガバンはイギリスに駐屯していて、ドイツに対する爆撃任務に就いていたB17を題材とする *Memphis Belle*（邦題『メンフィス・ベル』）というハリウッドのドキュメンタリー映画を制作して、国民に「広く知らせる」仕事をしていたという。そして、メンフィス・ベルと名づけられたB17が出撃中のあるとき、同乗していたマクガバンが座っていたところを立ち退いた瞬間、そこに対空砲弾が命中して穴があいたとされ、また別のときには、イギリスの南部に胴体着陸したときも命拾いをしたという。そして、戦争がはじまる前はニューヨークで商業映画を制作する仕事をしていて、近いうちにニューヨーク州バッファローでその仕事をするつもりで、妻と二人の子供と一緒に暮らすつもりだったと書かれている。

またこの記事には、胸にホルスターとベルトに露出計らしいものをつけた陸軍の軍服姿のマクガバンの写真も載っていて、おそらく三十代前半で、ひょろ長くて、短めの濃い口ひげをはやし、わずかに笑顔を見せて両手を腰にあて、自信に溢れた様子をしている。

＊＊＊

『核の時代』に載せる記事は、その週の分に掲載されることになっていたが、今では暗がりからマクガバンが姿をあらわして、日本のニュース映画のことから「スサンのフィルム」のことまで、すべての中心に降り立ったような気がしていた。おかげで、これまで不明だったすべてのことに光を当ててくれる可能性があるのだが、マクガバンは本当にそうしてくれるだろうか？　それにしても、わたしからの連絡になぜ快く応じてくれたのか？見も知らぬわたしに対して、なぜ以前は極秘だった文書のコピーまで送ってくれたのだろうか？　もしかしたら、被爆地での体験が脳裡を去らなかったのかもしれない。それとも、自分がこれまでやってきたことや、フィルムを機密にしてきたことを自慢したいのだろうか？　それとも今回の話題について、ハーバート・スサンの話ばかりが信用されて、自分の存在が置き去りにされることを心配しているとでもいうのだろうか？

ともあれマクガバンは、日本人が制作したニュース映画のフィルムを自分がどのように

「保管」していたのかについて説明することができるはずだ。ところで、ニューヨーク公共図書館に派遣した『核の時代』の見習記者が思いがけず重要な資料を持ち帰ってくれた。それは、日本のニュース映画についてエリック・バーナウが執筆した一九八二年の学術雑誌の記事をコピーしたものだった。

数年前、バーナウは全米脚本家組合の代表として、これまでのドキュメンタリー映画や放送における画期的な出来事を編纂したり、連邦議会図書館の映画局の責任者を務めていた。この記事は、*The Hiroshima‐Nagasaki Footage: A Report*（「広島・長崎にかんする映像の記録」）と題するもので、つぎのようなことばで書きはじめられている。「それは、撮影されてから四半世紀が経った一九七〇年のことで、一九四五年八月の広島と長崎の原爆の惨状を撮影したフィルムを使って制作されたドキュメンタリー映画の試写会を開いたところ、世界中から高い評価を得たことだった。そして、このフィルムが撮影された発端と歴史について語るなかで、映画が公開されるまでに二十五年という異常に長い歳月を経過していたことを強調しておきたい。このフィルムは、映画制作者と映画研究者にとって意味があるだけでなく、フィルムが民主的な立場から、どのようにあつかわれてきたかという経緯を考えるためにも大きな意味をもっているように思われる」

バーナウの説明によると、アメリカ軍が日本へ進駐してまもないころ、日本の学術会議が、ニュース映画を手がけていた日本映画社（「日映」として知られている）に対して、原爆による影響を記録した映画を制作するよう依頼した。そして、日映のチーフだった伊東寿恵男が制作責任者として任命した人物が、反軍国主義者のため刑務所に投獄されていた映画評論家としても知られていた歴史学者の岩崎昶だった。伊東は、一九四五年九月七日に東京を発ち、長崎で白黒フィルム（日本ではカラーフィルムは手に入らなかった）による撮影を開始し、遺体を焼却する場面も撮影した。そして一週間後には、岩崎が広島で同じように撮影をはじめた。

ところが、その数日前から、アメリカは日本の出版社と映画会社に対してきびしい検閲をはじめていて、十月二十四日ころ、日映のカメラマンの一人が長崎でアメリカ軍のMPに拘束され、同社の撮影スタッフに対しても広島と長崎での撮影を中止するよう命令し、すべてのフィルムと写真が没収された。なお、そのときまでに約二万六〇〇〇フィートのフィルムが日本人によって撮影されていたという。

一方、戦略爆撃調査団が到着すると、氏名はわからないが調査団のある担当者が岩崎に対して、自分たちの命令のもとで撮影を再開するよう命じたが、人体への影響については、くわしい様子は撮影しないよう指示されたので、日映のニュース映画のスタッフたちは科学的な立場で撮影をすることにして、翌年の春までには、英語の解説を入れた三五ミリのフィルムによる三時間の映画が完成し、できあがった内容は、MPたちが編集室の外で監視するなかをアメリカ人の関係者たちがチェックしたという。

そして、完成した映画は、アメリカ軍が受け取って、ただちにワシントンに送られてしまった（その経緯については、今ではスサンの話によって、よく知られている）とこの記事には書かれていて、「フィルムと、それに関係するすべての文書は『極秘』として封印され、ほぼ四半世紀のあいだ日の目を見ることがなかったのである」とバーナウは述べている。

それからまもなくすると、アメリカで上映されたニュース映画のなかに、おもに廃墟のなかで生活する日本人の様子を写したシーンが数秒のあいだ流されたり、抜粋したフィルムの一部が、フランスの有名な映画『二十四時間の情事』や、そのほかの映像にも使われたりして、まるで原爆映画のフィルムが闇取引されているかのようだったという。

バーナウは、一九六八年ころはコロンビア大学で映画、ラジオ、テレビにかんする歴史の講義を担当していて、広島と長崎で撮影されたニュース映画『まぼろし』のコピーをアメリカがようやく日本へ返還したことを伝える東京新聞の切り抜きを友人から受け取ったが、この返還については、日本側の担当者とアメリカの国務省とが協議した結果まとまったとされる。バーナウは、『まぼろし』のオリジナルのナイトレート・フィルムがペンタゴンから国立公文書館に移管されたことを知ったので、公文書館へ行ってフィルムに目をとおしてみたが、そのときはすでに自分で映画を制作することを考えていたところだった。また公文書館で多くの撮影リストを見つけ、そのリストには、ふつうなら「国防総省の承認なくして公開は不可」と記された新しいスタンプが押されているはずなのに、そのときはどれもまだ「機密」のスタンプが押されたままだったという。

バーナウは、『まぼろし』のこのオリジナルのフィルムを見て、保存状態がよくなかったとはいえ、「映像が異常な説得力をもっていることが十分に伝わってきて、忘れることができないような意味をもち、歴史的にも重要なもので、すべてを複製する必要がある」ことがすぐにわかったという。実際のところ、このフィルム以外には、原爆が投下されて数週間しか経っていないときの状況を撮影した映像は、ほかにはなかったのである。

ただバーナウは、自分が制作する映画を編集するときになって、このフィルムのなかには、瓦礫を撮影したシーンはいくらでもあるのに、やけどを負った人体や、遺体を埋葬するシーンがほとんどないことに気づいた。一方、撮影リストに目をとおしてみて、病院、学校、「乗客が跡形もなく蒸発した」路面電車などのフィルムがあることを知り、その部分こそが、原爆が人体へおよぼした影響を撮影したといえるものだったので、医療の場面を撮影したものが、もっとあるのではないかと思ったが、リストのその部分にあたるフィルムが、ずっと以前に軍の当局によって隠蔽されたのか破棄されたのかについては、わからなかった。バーナウとスタッフは、自分たちが制作する映画は、繊細で静かな詩情に富んだ内容にする方針で、元のフィルムの一六〇分を一六分にまでカットし、印象を強めるため最後のシーンでは、人体への影響がよくわかる映像をモンタージュにして編集し、制作した映画のフィルムを九八ドルで販売することにした。

結局、完成した映画は一九七〇年にニューヨーク近代美術館で試写会を開くことになり、報道関係者も招待して大勢の人が集まり、体を寄せ合うようにして静かな雰囲気で鑑賞した（この映画よりもずっと多くの被爆者たちを撮影したスサンのカラーフィルムがあたえた衝撃がどんなものだったかは想像するしかないのだが）。*Hiroshima - Nagasaki 1945*（邦題『広島－長崎　１９４５年８月』）と名づけられたこの映画は、試写会のあとから市民と図書館の双方から注文が来るようになり、原子力委員会と軍備管理軍縮局も、この映画のフィルムを求めてきたが、おそらく両者とも、そのような映像は観たことがなかったはずだ。

ところで、試写会の数週間前までは、どこのテレビ局もこの映画について報道することには関心を示さず、バーナウは、「話題性があると考えたＮＢＣだけは放送するかもしれないと思っていた。この映画がどんな結果を招くのか、わたしたちはあえて考えまいとした」と書いている。しかし、まもなくすると、日曜新聞パレードだけがこの映画にかんする記事を掲載し、日刊新聞ボストン・グローヴの社説は、今回の映画の公開に対する報道機関の姿勢について非難する論評を載せた。

「人間は一人で生きているわけではない以上、だれもが、とくに核兵器を保有する国の人間なら、この映画を観るべきなのだが、アメリカのテレビ局は、そんなことは考えず、リアリズムよりコミック番組をくりかえし放送することに熱心なのだ。たしかにテレビは戦争の光景をベトナムからアメリカ人の居間に持ち込んではいるが、この映画が映し出す一六分間の貴重な時間は、今からすればちっぽけな初めての原爆が、二十五年前に人々と建物にどんなことをしたのかを明らかにしているのである」

この論評によって公共放送はやっと、この映画について報道をはじめ、当時はアメリカ教育テレビ（ＮＥＴ）と呼ばれていたネットワークが、日本の被爆二十五周年に合わせて一九七〇年八月三日に『広島‐長崎　１９４５年８月』を放映することに同意し、これによって数万人の視聴者がこの映画を観たのだが、人々は当初、『広島の映画が人気を集める（Hiroshima Film Gets Numbers）』というタイトルの娯楽番組だと思っていた。しかも、少なくともタンパ湾にあるＮＥＴの地方局では、人体への影響を映し出した数少ない場面を削除して、テープ・ディレイを使って編集し直した映像を放映したので、バーナウにとっては失望するやり方だったが、さらにＮＥＴは、放送のあとに、アメリカは原爆を使用すべきだったかどうかという、バーナウにとっては関心のない問題について公開討論会を開いたのである。「わたしとしては、広島・長崎をあつかったこの映画は、過去のことについて話し合うことではなく、現在と未来にとって意味をもつことだったのだが」とバーナウは書いている。

＊＊＊

わたしはバーナウに会って、もっとくわしい話を聞こうと思い、地下鉄でコロンビアに向かった。オフィスに着くと、七十代前半の背の高い健康そうな白髪の、ちょっとスサンが痩せたような感じの親しそうな男性が待っていた。

ドキュメンタリー映画の制作では伝説的な人物とされるバーナウは、自分が受賞した映画（長いあいだ忘れられていた）が新しい世代の人間に再評価されたことを、ひどくよろこんでいた。このたびの『広島－長崎 1945年8月』は、本人がこの映画を制作した経緯や、その当時に制作されたニュース映画が上映を禁止されていたことを語ったエピローグを追加して再上映されることになっていたが、一九七〇年代に制作されたこの映画に対して「もっとも満足のいく反応」を示してくれたのは日映で映画を制作していた岩崎昶で、この映画は、日本人にとってみればアメリカ人が制作したとは考えられないような映画だという意味で、岩崎に「ことばではいいあらわせない」感慨をあたえたのだ。そして、バーナウは日本を訪れて岩崎に会い、それ以来、一九八一年に岩崎が亡くなるまで音信をつうじたという（岩崎は、原爆の映像を手がけたあと、このたびの戦争における天皇の裕仁の役割を批判したドキュメンタリー映画『日本の悲劇』を制作し、そのため日本国内では多くの人から非難を浴びた)。

ところで、今日に至るまでバーナウの頭から去らないでいることのひとつに、日本人が撮影した白黒フィルムをアメリカ政府は本当にすべて国立公文書館へ譲渡したのだろうかということがあった。バーナウは一九六八年に、この件について、原爆による人体への影響を撮影したフィルムが少なすぎるのではないかとペンタゴンに問い合わせた。それに日本人の専門家たちも、公開されたフィルムのコマの一部が削除されて欠落していると主張していたが、ペンタゴンの歴史担当者は、公開されているフィルムが全部だと回答した。ただ、この回答に対して、バーナウは今でも疑いを抱いている。なぜかというと、フィルムがまだアメリカ側に没収される前なのに、日本人のカメラマンたちは、原爆の影響を映像に残そうとして病院では数分間だけ撮影して、あとは草花や岩石ばかりを延々と撮影したとでもいうのだろうか、という疑問を抱いていたからである。

スサンと同じようにバーナウも、原爆を投下したことをあからさまに非難(非難していたらトルーマンがどういう行動を取ったかわからないが)しているわけではなかったが、フィルムは、あのようなことは二度と起こしてはならないという強い警告を発していると考えていたのである。いいかえれば、バーナウの制作した映画は、かりそめの平和を求めるのではなく、将来に向けての平和を訴えるものだったのだ。

バーナウのこのような制作意図は、政治的な意味からも『広島―長崎 1945年8月』

をいっそう力強いものにさせている。慎重な考えをするバーナウは、マクガバン&スサンのフィルムがどのようにあつかわれてきたのかについて、憶測だけでわたしに述べることはしなかったけれど、「あのフィルムを機密あつかいにしたのは、軍事上もしくは国家安全保障上にも機密という意味合いが少しもなかった以上、機密保持システムの乱用だったという気がしています。おそらく機密あつかいにした理由は、もしも一般大衆や議会の議員たちがあの映画を観たら、政府としては、これから原爆を製造するために巨額の資金を投じることが困難になると考えたからなのでしょうね」と語った。

＊＊＊

重要な立場を増してきたマクガバンのことに立ちもどって、映画百科事典に目をとおしてみてわかったことだが、本人がかかわって一九四四年に制作された映画『メンフィス・ベル』が、当時の名監督の一人だったウィリアム・ワイラーが監督してパラマウント・ピクチャーズから配給されていたことと、制作協力者は大ざっぱだが、いくつかの撮影技術の担当にはマクガバン配下の陸軍航空隊のチームが参加していたことがわかった。

またその前からマクガバンはカメラマンとして、しばらくのあいだホワイトハウスに配属されていたし、戦後になってから、数人の同僚と一緒に「国際従軍カメラマン協会」を設立している。

スサンとマクガバンは二人とも、チーフカメラマンのハリー・三村を高く買っていたが、一方で、日本の映画について書かれた手元の書籍のなかにはハリー・三村の名前は登場していない。ただ、ジャパン・ソサエティーで『予言』を上映する手伝いをし、わたしに黒澤明との数少ないインタビューを手配してくれたデヴィッド・オーウェンズは、ハリー・三村のことをよく知っていた。「ハリー」という愛称で呼ばれていた三村明は、一九二〇年代にハリウッドに在籍していたが、戦争がはじまる前に日本へ帰国して、それから十年あまり日本の映画界で仕事をしていて、黒澤明の初めての映画作品になった『姿三四郎』のカメラマンとしてよく知られるようになった。一九四三年に制作されたこの映画のクライマックス（わたしもよく知っている）は、風が吹きすさぶ荒野での決闘シーンで、日本の映画史上もっとも大きな影響をあたえたシーンとみなされている。それから三年後、自分のすぐれた技術を駆使して、マクガバンやスサンたちと一緒に、被爆地で撮影をしたのである。

ノースリッジに住んでいるマクガバンに初めて電話で連絡が取れたときは、つっけんどんな印象で、軍隊式の話し方がアイルランド訛りのせいでいくぶん和らいではいたものの、ずけずけとものをいう人だという気がした。「マックと呼んでくれ」といって、スサンが自分にどんな要求をしているかを知りたがっている様子で、本人によると、日本にいたときのスサンは「わたしの書記」で、「チームと一緒に少しばかり撮影もしてくれたが、責任者はわたしだったんだ」ということになり、多くのことを任せていたが、「あいつは責任者なんかじゃなかったんだ」ということだった。そして、スサンが「ポーカーの腕前がよかった」ことは覚えているが、フィルムを収めた二つのトランクをスサンがペンタゴンへもって行ったということについては反論し、「われわれは全員が一緒に帰国したんだから、責任者のわたしがもって行ったんだ」と巧みに説明した。

マクガバンにすれば、のちにスサンがフィルムの所在を探しまわっていたのは「自分が賞賛されたいためだった」という考えで、（含み笑いをしながら）「あいつがフィルムのことでがんばっているのは褒めてやるさ。あのフィルムのおかげで、今でも立派なドキュメンタリー映画が作れるんだからな。アトランタの大火を題材にしたのとそっくりな映画を作れるなんて、大したもんじゃないか」といった。

今回のテーマについてインタビューをはじめる前に最初に語ってくれた話というのは、自分は戦略爆撃調査団の一員に任命されるよりもずっと前に陸軍航空隊の一員として、一九四五年九月九日に長崎に初めて足を踏み入れたという話で、それは報道関係者らが初めて長崎に入ってからわずか二、三日後だったそうだ。そして本人がいうには、それから六週間後に、日本人が広島と長崎ですでに二万フィートのニュース映像を撮影していたことは「だれも気に留めなかったようだった」が、自分にはその重要性がすぐにわかったと語り、日本人の撮影チームに偶然行きあったとき、自分たちが撮影しているのをアメリカの海兵隊員たちが制止すると文句をいったので、その日本人たちを全員雇って撮影を終えるまで便宜をはかり、撮影したフィルムは結果的には自分が没収したのだといった。

ところが驚いたことに、いったん没収したフィルムを編集するため短期間、日本人に返却したとき、日本のニュース映画を制作する担当者のだれかが勇敢にもフィルムをコピーして、現像所の屋根裏に隠したが、自分は、そのことを知っていて黙認したのだという。なお、日本人のカメラマンだった井上寿恵男がのちに語ったところによると、自分たちが撮影したフィルムは「原爆の非人道性を証明するため」ジュネーブの赤十字社に送ろうと考えていたそうだ。

その後、カラーフィルムを使って撮影する戦略爆撃調査団の一員に選ばれて撮影チームを率いることになり、アンダーソン少将から、「雑草が生える前に現地に入れ」と指示され、さらに日本人たちが本格的に復興をはじめる前に撮影しろと命じられたので、スサンたちと一緒に一九四六年一月に長崎に向かい、その前に採用していたハリー・三村に撮影のおもな役目を命じたと語って、「もっとも苦になったのは、遺体を火葬したあたりに残っている骨や、何百という子供たちの頭蓋骨だったな」と回顧している。また、病院に収容された大人たちは衰弱している者が多く、撮影をしているあいだに死んでいくので、子供たちをもっぱら撮影したという。数えきれないほどの孤児がいて、その子たちが自分を見ながら、「あんたは何者？　ぼくらに何をしたの？」とでもいわんばかりに、「ゾンビ」のような姿でうろつきまわっていたそうだ。

カラーフィルムで撮影しているあいだにも、何度も東京へもどって、日本人のニュース映画の編集を監督し、仕上がった白黒映画のフィルムは一九四六年五月にアメリカ本国に送ったという。

それから一ヶ月後に自分がカラーフィルムをペンタゴンへ運んで行った（あるいは、別に信じられているように、スサンが運んで行った）という。ペンタゴンへ届けられたフィルムは、「どう取り扱ったらいいか」を決めるため、当分のあいだペンタゴンに保管されたが、このままフィルムが闇に葬り去られることを危惧して、その映像の重要性を認めて国民に公開することに前向きだったアンダーソン少将の補佐官としてペンタゴンにとどまったという。「アンダーソン少将はそういう人だったんだ。ほかの連中が考えていることは気にかけない人だったんだ」マクガバンは電話でそう説明すると、「あの人は、アメリカの国民は自分たちの身の上に起きるかもしれないことを知っておくべきだと考えて映像を公開したかったんだが、なかには、ロシア人にも映像を見せてアメリカの立場を誇示したがっているんじゃないかと考えている者もいたんだからな」といった。たしかに、そのころのソ連は、初めての原爆実験にはまだ成功していなかったから、映像を見せつけることで核開発を思いとどまらせようという理由は十分にあった。

しかし、カラーフィルムを目にした軍の上層部は映像を公開したくなかったし、原子力委員会も公開に反対したと語り、そのため軍も委員会も、フィルムを使った一般向けの長編映画の制作をアンダーソン少将がワーナーブラザーズに依頼していたことを認めず、別の映画会社に約八万ドルをかけて四本の軍事教練用の映画を制作することになったのだという。そして、「何があっても、あの映像は外部に公開することはできないといわれたんだ。あの連中は、わたしの撮影した映像が世間に広まることを怖れていたんだ」といった。

一方で、日本人が編集したニュース映画のフィルムを手に入れようとしたが、マンハッタン計画の担当者は陸軍に対して、そのフィルムを提供することは「絶対にだめだ」と伝えてきたそうだ。さらに、一九四七年九月にアメリカ陸軍航空隊の組織が廃止されたことも事態を複雑にさせて、新たに組織されたアメリカ空軍にはフィルムの取り扱いにかんする来歴がないまま、カラーフィルムはオハイオ州のライト・パターソン空軍基地に送られたので、自分もライト・パターソン空軍基地に移り、フィルムに識別番号をつけて、「だれにも触れさせないで保管しておくよう」指示されたという。

そのため、フィルムの目録を一年かけて作成したあと、極秘資料を保管する区域にある地下室に保管して、自分がフィルムを管理することになったという。そして、「かならずしも自由にならないわけではなかった」が、スサンが考えていたようにフィルムを使って映画を制作することはできなかった（ただし、スサンとちがって、少なくともフィルムがどこにあるかは知っていた）と語りながら、将来もし自分が映画を制作することになったら、その映画の冒頭に日本人の赤ちゃんが誕生するシーンを入れて、希望と再生を象徴するつもりだったといった。

政府の当局者はなぜフィルムを機密あつかいにしたのだろうかと尋ねると、ひどく笑いながら、多くを語りたくない様子だった。「機密あつかいにしたおもな理由は、原爆によって破壊された状況を大っぴらにすることを怖れたんだろうな。医療上のシーンは、ひどく残酷だったし、一番ひどかったのは、やけどの体を撮影したシーンだったからな。ようするに政府の考えは、医学上の影響は見せるな、見る者の気分を悪くさせるな、ということだったんだ」マクガバンはそう説明した。

結局、マクガバンはライト・パターソン空軍基地を去って除隊し、中佐として退役しているが、そのあとカリフォルニア州のノートン空軍基地で民間の映画プロデューサーとしてフィルムを手元に保管していたことになる。そして、一九七三年にスサンがノートン空軍基地を訪れたとき、スサンが「フィルムが入手できなくて、むしゃくしゃしている」理由が自分にはわかっていたという。だからスサンが「けんか腰」になったのは、「自分が賞賛されたい」と考えていたことが思いどおりにならなかったからだといった。

そういうと、もう電話を切らなければならないといいながら、写真を一枚と追加の文書を翌日には届くようにしておいたといった。ところでマクガバンは、日本に滞在した撮影チームのメンバーがスサンのほかにも重い病気にかかっていたことを知っていたのだろうか？　というのも、当時、自分のつぎの序列だったロバート・ウィルダーマス中尉が先頃、癌のため亡くなったが、本人とは亡くなる少し前に二人で話をしたというのだ。そして電話を切る前に、「ウィルダーマスは退役軍人省へ出かけて、自分の癌の原因が広島と長崎に滞在していたためだと訴えようとしていたんだ」と付け加えた。

マクガバンは多くのことを打ち明けてくれたが、軍の当局は「残酷な」シーンだからフィルムを公開しなかったと説明してくれた以外に、フィルムを機密あつかいにしていた事情についてどう考えていたかについては、はっきりとは語ってくれなかった。結局、このたびのインタビューで明らかになったことは、マクガバンがスサンに腹を立てていることで、それというのも、自分でなくスサンが当時の撮影計画を指示したり管理したりする立場にあったという点で、手がらを横取りされると考えていたからだった。ともかく今回のインタビューで驚いたことは、世界で唯一の核攻撃を受けた国の惨状をアメリカ人と日本人がそれぞれ撮影した二つの歴史的な映像の記録を、かつて一人の人間だけが管理していたことだった。

＊＊＊

約束していたとおり、翌日には宅配便のフェデックスから包みが届き、なかには本人が写った白黒写真が同封されていた。皮製のボンバージャケットを着て帽子を斜めに被り、パイプをくわえた姿で長崎の廃墟の縁石に座って少し笑顔を見せている写真だった。それと封筒のなかに、スサンと一緒に撮影したカラーフィルムにかんする興味深い資料が入っていた。一九四七年三月三日の日付で陸軍航空隊のフランシス・E・ランデル少佐が「記録のために」と記した覚書のコピーである。

この覚書によると、その前の週にS・G・アームストロング大佐と話し合った結果、フィルムは「機密あつかい」にすることに決めたとあり、この決定は、「なかでも広島と長崎で撮影されたフィルムの内容を精査したあとで決められた結果である。連合国と日本の担当者がそれぞれ被爆地を訪れて、映画として上映するために撮影したはずだったが、映画のなかに含まれる情報については、原子力委員会が承認するまでは機密にしておかなければならないと考えられる」と記されている。そのため、軍事教練用の映画が完成したあと、フィルムの取り扱いが原子力委員会によって最終的に判断されるまでは「極秘」にされたというわけだ。

何年ものあいだ、軍の当局者以外はフィルムがどこにあるのかだれも知らなかったし、スサンがノートン空軍基地に行ってフィルムを探したとき、目録カードには、まだ「機密」（たとえ、そうでなかったにしても）と記されていて、マクガバンは機密になっている事情についてはスサンに何も語らなかった。そのため、一九七九年にスサンがたまたま岩倉に会う機会があって、日本側の要請によって初めてフィルムが日の目を見ることになったのである。

翌日にもう一度電話をしたときも、まだ用心深そうな様子で、自分のことばより資料に書かれていることの方を重んじていた。それでも前日の電話のときよりは、もう少しくわしい事柄を話してくれて、自分はアイルランドで生まれ、現在は七十二歳で、政治的な傾向としては「保守派」だと打ち明けた。そして、カラーフィルムは徐々に機密が解除されることになり、極秘から「当局により使用」にまで解除され、最終的には「一般に公開」されることになったと説明した（ただし、公開されることになったという事実を一般の人が知って、それを求めればの話だが）。それから、スサンがノートン空軍基地に訪ねてきた一九七三年ころには、自分はフィルムは「まったく管理していなかった」と主張した。

それにしても、そもそも政府当局はなぜ、軍と原子力委員会のような科学者団体以外の人たちにフィルムを見せることを拒んだのだろうか？　マクガバンは、この電話のときは、「原子力委員会の連中はアメリカが原爆を投下したことを後悔していると、わたしは、ずっと思ってきたんだ。それに、空軍もそう感じているとわたしは思っているし、ペンタゴンの関係者も、あの映像は、原爆が女子供をはじめとする人間の悲惨な様子を示しているから、自分たちは表に出したくないと話していたんだ。もっとも、公開することを禁止したのは原子力委員会で、あの連中は、だれに対しても絶対的な発言権をもっていたからな」と明け透けに話した。そして、「原子力委員会が核兵器のことをあつかう以上、あのフィルムを公開したら、どういうことになるか知っていなければならなかったんだし、戦後になってアメリカが初めて核実験を実施したときに撮影された多くの映像や写真を破棄したのは、あの連中なんだからな」といった。

そう話しながらも、「仮に、あのフィルムを引き継ぐ者がいたとしたら、フィルムはいずれ明るみに出ただろうが、それでも原子力委員会としては公開したくなかっただろうな。委員会としては、核実験をさらに計画しているときに、一般大衆に核兵器がどんなものかを知らせたくなかったはずだからな」と確信するようにいった。

そして、ちょっとことばを切ってから、「われわれは、とにかくフィルムを表に出したくなかったんだ。罪を犯したことを後悔していたからな」と言い添えた。

＊＊＊

スサンは、わたしがマクガバンと話をしたことを告げると、不機嫌になった。本人が以前に語っていたように、厳密にいうと、撮影チームの責任者はたしかにマクガバンだったのだが、「あの人は撮影のくわしい内容は知らなかったし、撮影の大部分は、わたしが指示したんですよ」と主張し、マクガバンが、日本では自分の書記だったと語っていたことにも反発した。「書記ですって？　わたしがいったい何を書いていたというんです？」たしかに自分は撮影の記録を日誌につけ、報告書にまとめたが、それは専従の仕事ではなかったのだという。結局この話は、長いあいだフィルムを隠蔽するのに荷担したとされるマクガバンに対する恨みに、新たな不満を重ねることになった。第三者としては、そうだったのではないかと思われても、一九四六年の日本で、だれが何を担当していたかについてはあまり触れない方がよさそうだった。

ところで、『核の時代』に載せる記事を書き終えたあとのことだったが、スサンが、日本を旅行中の陸軍の特別列車に乗っている自分の写真を提供してくれた。その写真は、パイプをくわえてタイプライターの前に座っている姿だったが、この写真を見るかぎり、マクガバンがスサンのことを書記と呼んだことを、あらためて裏づけることになった。ともかく『核の時代』の記事を書き上げるために、スサンが編集した写真集のなかから、ひどいやけどを負った少年の白黒写真を選び出し、記事全体を見開きにして、左側に、半壊した広島の「原爆ドーム」の写真を載せ、右側に、やけどの少年の写真を載せて、原爆ドームの写真に「わたしたちが見たもの」、やけどの少年の写真に「わたしたちが見なかったもの」と書き添え、記事の見出しとして、「原爆は、なぜ人の心に届かなかったのか」と書いた。記事の書き出しは、つぎのようにした。

「反核を訴えた、もっとも情熱的で説得力のある映画を制作した人は、ハリウッドのプロデューサーでも、ドキュメンタリー映画の制作者でもなかった。その映画は、初めての核攻撃を命じたハリー・S・トルーマン大統領が指示した特別撮影チームによって撮影されたのである」

こう書いたあとに、スサンをこの撮影チームの「制作部長（production manager）」と書き、マクガバンは「撮影チームの責任者（in charge of the unit）」だったと明記した。

こうして一九八三年三月号の『核の時代』の記事が定期購読者のもとに届いたあと、国内のメディアがどんな反応を示すか心待ちにしたけれど、取り上げられることはほとんどなかった。『核の時代』は、以前からおもだった報道機関から評価を受けてはいたものの、社内には広報を担当する部署はなかったし、核凍結の話題は、その月には、もうメディアの関心をひかなくなっていた。ホワイトハウスは、パーシングという中距離弾道ミサイルをヨーロッパに配備し、国内にはＭＸという多弾頭の大陸間弾道ミサイルを配備する計画を検討しているところだったし、アメリカのこのような計画に対してソ連も引き下がらなかったから、核凍結はすでに死語のように思う人もいた。

一方で、この記事は雑誌の愛読者と映画制作者たちから幅広い関心を集めた。記事が出てから一ヶ月のあいだに、国立公文書館のフィルム保管室にはマクガバン&スサンのフィルムについて問い合わせが殺到し、公文書館の担当者がわたしに電話をかけてきて、「わたしたちは、あのフィルムを『核の時代』のフィルムと呼んでいるんですよ」と笑いながらいったものだ。

こうして、ある意味でスサンは(わたしたちの手助けによって)、自分が撮影したフィルムを戦後になって映画にしようと考えていたことを、何百万人の人たちに伝えることで成し遂げることになった。今となっては、莫大な予算を投じた核開発競争を防ぐには遅きに失したけれど、フィルムが映画になって上映され、幅広い共感を得ることになれば、三十年以上のあいだ苦節を経てきた原爆の問題にひとつの区切りをつけ、核兵器による「先制攻撃」に歯止めをかけるうえで、小さいながらも役割を演じるかもしれない。そして、『ダーク・サークル』のディレクターだったクリス・ビーバーがわたしに語ったように、「政府が、民間主導による新しい防衛体制を広めようと奔走したり、レーガン大統領が核戦争で生きのびることができると主張しているなかで、あのフィルムのことは、ありがたくない評判になるはずですよ」ということになりそうだった。

＊＊＊

映画の制作者たちは、今では熱心に原爆の映画を制作しているけれど、スサンはその制作者のなかにはいなかった。スサンへのインタビューが終わって数ヶ月が過ぎ、本人にまだ強い意志は残っていたものの、健康状態が悪化していて、検査の結果、悪性リンパ腫が広がっていたからである。担当医は、日本で残留放射能に被曝したことが原因だと確信していたが（もちろん、それを立証することはできないが）、スサンの妻は、本人が公にしたくない病気のことから自分も目を背けている様子だった。またスサンは、スタテンアイランドに住んでいる息子とは親しくしているが、結婚してバージニアで暮らしている娘とはちょっと仲たがいをしているといった。

『核の時代』の記事が出てから、平和活動に熱心ないくつかの出版社がスサンにインタビューを求めてきて、そのことで気持ちが高まったようだったが、さらに驚いたことに、東京のテレビ局がスサンに広島を再訪してもらう計画を申し出て、一九四六年に撮影した何人かの被爆者たちに紹介する手はずをととのえたのだ。さらに反戦同盟の二人のリーダーも、スサンが映画を制作しようとする趣旨を理解して、国立公文書館のフィルムをコピーするための資金を集めようと考えて、ロウアー・イーストサイドで数十人の活動家と反核映画の若い俳優ジョン・シェアが参加して開かれるアート・ギャラリーで募金を呼びかけた。スサンは片手で杖をつき、もう一方の手で主催者の腕をつかみながら、アート・ギャラリーの会場にやって来た。

安楽椅子に座ったスサンは、力強い声でひと息に、「寄付をお願いします」と訴えた。参加者はスサンが撮影したフィルムの一部を使った映画のことを知っていたが、本人は、自分の映画はもっと大々的に上映する必要があると訴え、つぎのように語った。「反核運動は、それに賛成する人に呼びかけるだけでは少しも効果はないと思うのです。あらゆる分野の人たちが、あのような兵器は地球上からなくさなければならないことを理解し、自分たちが目の前にしている状況を理解しなければなりません。わたしたちは今でも、第二次世界大戦のころの古い戦争のイメージしかもっていません。それなのに、人間があつかうことのできないものに手を出しているんです。あの兵器がどんなものか理解できるほど賢明な人など一人もいないんです」

「これが、わたしが伝えたいメッセージです。核戦争は、あらゆるものの死を意味しています。三十七年間、そう考えつづけてきました。そして、そのあいだに、体に癌が発生しました。わたしは、日本のちっぽけな場所で原爆による影響を目にしましたが、その場所を、仮にアメリカやヨーロッパのような広い場所に置き換えて、一瞬のうちに原爆が投下される事態がそこで起きて、放射能が地球のほかの地域にまで広がったと考えたら、世界中がどんなことになるか、わかるはずです。相手からの核攻撃に報復したところで、どうなるというんですか？　そんなことをして、どうするつもりですか？　自分の子供たちを救おうとでも考えるんですか？　でも、そのときには、世界はもう存在しなくなっているんですよ」

＊＊＊

一九八三年ころまでには、エリック・バーナウの制作した映画『広島－長崎　1945年8月』がVHSのビデオテープに編集されて、やっと出まわるようになっていた。このビデオ版は、日本人のニュース映画ディレクターの岩崎昶がバーナウと共同編集したもので、当初に予定されたとおり、『広島－長崎　1945年8月』は簡潔な内容になっていたが、原爆による影響をじかに伝える感動的な記録だということは明らかだった。画像はひどく粗いが、熱線によって壁に焼きつけられた対象物（花、竹、人物）の影像、廃墟となった学校、ビルの屋上から見わたした何キロメートルにも広がる荒涼とした光景のような、目を見張る白黒のシーンがくりかえし映し出されている。そしてアメリカ人の男性と日本人の女性による落ちついた語り口によるナレーションによって、撮影された対象が爆心地からどれだけの距離だったかが淡々と語られている。

終わりの方で、医師たちが、怪我や、やけどの処置をしている人体の様子を撮影したシーンが少しだけ映し出されるが、そのシーンは、『予言』のなかのカラーフィルムにはない場面で、静かな雰囲気のうちにも訴える力があった。ただ、このような人体を映し出したシーンが少ないことから、バーナウが疑っているように、機密あつかいのフィルムが解除されて公開されたとき、政府がまだほかにフィルムを隠蔽しているのではないかと考えざるを得ないのである。

『核の時代』の記事が出て、ほぼ一ヶ月が過ぎたころ、マクガバンから手紙が届き、記事の内容は期待していたとおりだと書かれていて、評価してくれてはいたけれど、スサンが述べた内容の一部については反論していて、「後日、あらためて説明したい」と書かれていた。そして、自分たちが撮影したフィルムのコピーを日本人たちが天井裏に隠していたことを黙認したということと、三時間におよぶその映像のフィルムがなくなることを危ぶんで、自分もフィルムをコピーして隠し、それをのちにライト・パターソン空軍基地に保管し、そのことを知っている者はほとんどいなかったということが書かれていた。

それから数日して、もうひとつ包みが届いた。中身は、またしても（自分の話が疑われていることに反論するかのように）、自分が戦後の日本でアメリカ軍として信頼のおける撮影責任者だったことを裏づける資料だった。

その資料は、一九四五年十二月二十九日に上官に宛てた文書で、このたびの映画を制作するにあたっては日本人のニュース映画の撮影チームに仕事をさせる（もちろんアメリカの管理下で）よう訴えて、「もう一度、戦争になって、ふたたび原爆が投下されないかぎり、撮影されたような状況が再現されることはあり得ませんが、フィルムがこのままの形では撮影された素材が雑多なため、実用的な映画に制作する価値がありません。原爆の映像を科学的な視点から価値あるものとして保つには、適宜に編集し、削除して、字幕を加えるのに数週間を必要とします。この作業をおこなう技能をもった人間は、このフィルムを撮影して直接あつかった日本人の調査チームしかいないのです……、」と書き記している。

また、上官にこの文書を書いてから二週間後の一月十一日に岩崎へ宛てた文書では、三月一日までに映画を完成させるよう指示し、さらに、「いかなる組織も日本映画社からフィルムを没収したり持ち出してはならない」と伝え、それができるのはダニエル・マクガバン中尉だけだと念を押している。さらに、一九四六年三月二十九日に日本映画社と富士フイルムに宛てても文書を送って、この長編映画を四月十五日までに完成させるよう命じ、そのために富士フイルムに対して三万五〇〇〇フィートの未使用フィルムを提供するよう命じている。二社へのこのきびしい命令は、「万一、この命令がすみやかに達成できないときは、日本政府の渉外課にただちに伝えることになる」と締めくくられている。

また一九四六年五月十一日付の文書によると、日本側で制作した映画のネガは一万四九一四フィートで、英語のタイトルとナレーションを付けて完成させ、一九個のフィルム缶に収めてアメリカ陸軍航空隊の映画撮影隊に送られたとあり、その文書には、人体への影響を撮影した三〇〇〇フィートの映像を含む九九一九フィートの「当初の映画のなかに使用されなかったネガ」のリストも記されているので、おそらくそれが、収集されたフィルムが二万六〇〇〇フィートから一万五〇〇〇フィートに減っている理由なのであり、そのため、人体への影響を撮影した、残りのフィルムがどうなったのかと疑わないわけにはいかないのだ。

包みには、一九四六年三月に日本側がマクガバン宛てに送ってきた二万一五八ドルの請求書のコピーも同封してあって、その内訳のなかには、バックグラウンドミュージックの製作に二〇〇ドル、解説者と翻訳家への報酬として四〇〇ドル、「爆発の跡と焼け跡を撮影する」ためにエレベーターのないビルに足場を組む費用として五六ドル六〇セントなどと記されている。

最後に、一九四六年五月十三日付の日刊新聞シカゴ・サンの切り抜きによると、マクガバンと、カーチス・ルメイ中将の爆撃目標分析を担当していたダン・ダイアが、一九四五年の秋に日本人の映画制作者たちと偶然に出くわしたことから、東京にいた参謀将校たちに日本映画社が制作したニュース映画を鑑賞させるため、マクガバンが自腹を切って映写室を借り受けたことが書かれていて、さらにマクガバンは、それまで六年のあいだ軍に在籍していたが、「日本にとどまって、歴史的、軍事的な記録を後世に残すため、原爆の影響にかんするドキュメンタリー映画を制作することに決めたのである」と書かれている。

包みのなかの今ひとつの資料は、それから二十年後の一九六七年九月十二日付の文書で、ライト・パターソン空軍基地のフィルムを保管する責任者だったH・M・バウムホッファーから国立公文書館視聴覚部に宛てて、空軍は国立公文書館へ一九巻のニュース映画のフィルム（一万五九〇〇フィート）を譲渡する予定と記されているのだが、この文書でもうひとつ重要な内容としては、これらのフィルムは「ただし国防総省の許可なくしては公開してはならない」と書かれていることだった。

＊＊＊

それから数ヶ月が過ぎた。核凍結を訴える運動はつづいていたけれど、ワシントンでは、どこでも運動が実施されているわけではなさそうだった。核開発競争は、これ以上ないほど高まっていて、二つの超大国にとって五万発の核弾頭だけでは不十分なことが明らかだった。あれからマクガバンからは何も資料を送ってこなくなったし、スサンが述べた話の内容について反論もしなくなった。

一方、『核の時代』の記事を読んだ読者から、マクガバンにかんする興味深い経歴を掲載した新聞の切り抜きが送られてきた。その新聞記事は、マクガバンが日本で撮影したフィルムを管理していた一九四〇年代から一九五〇年代初頭に、グラッジ（Grudge）とトゥインクル（Twinkle）として知られた二つの未確認飛行物体をニューメキシコ州で空軍が極秘に調査をする計画があったときに、写真撮影を担当する仕事にマクガバンがたずさわっていたという内容だった。

スサンの妻が亡くなった。死因については知らないが、その後にスサンと手短に話をしたときには、ひどく落ち込んでいる様子だった。それでも、広島をもう一度訪れるつもりにはなっていて、それからまもなくの一九八三年に広島を訪れたあと、おそらく一九四六年以降、世界中で本人とわずかな人しか知らない原爆の爆心地の、すぐ近くに造られた平和公園の写真を送ってくれた。また、自分が当時撮影した被爆者の何人かと面会し、「みんな、わたしのことを覚えていました」といって、「夢が今、現実のものになりつつあるようです」と、広島での思い出をなつかしんでいた。

ニューヨークへもどったスサンの話によると、訪日してもっとも驚いたことは、自分を大切なお客のように歓迎してくれて、八月六日の広島の原爆記念日には、重要な招待客として参列して話をしてくれるよう頼まれたことだといった。そして、もっとも感動したことは、一九四六年に被爆地の病院で撮影した被爆者たちの反応で、その被爆者たちは、スサンが写真に記録してくれたおかげで、自分たちの苦悩を未来への警鐘にしてくれたといって、よろこんでくれたことだったという。

一九八三年の秋、テレビ向けに制作された映画 *The Day After*（邦題『ザ・デイ・アフター』）がＡＢＣテレビで放映された。ジェイソン・ロバーズの主演で、アメリカとソ連とのあいだで核戦争が勃発して、カンザス州ローレンスの町が核攻撃によって廃墟と化す（国内のほとんどの場所も、まちがいなくそうなっただろうが）という物語だった。ところが、教育関係者たちは、この映画を子供たちに見せないよう保護者に伝え、心理学者たちは、映画を観て精神的に不安定になった視聴者からの相談に応じるためホットラインを設置し、政治家たちは、核廃絶を訴える有権者から殺到する抗議電話に応じようと身構えた。こんなことを考えるにつけても、マクガバン&スサンのフィルムを使った生々しいドキュメンタリー映画が、仮に一九五〇年代か一九六〇年代に上映されたとしたら、人々がどんな反応を示したかは想像に難くない。

これに対して反核運動の団体は、『核の時代』の記事に一部は触発されて、『ザ・デイ・アフター』の鑑賞会を開いて多くの資料を配付し、この映画がプロパガンダだと非難する核擁護論のタカ派を沈黙させようとした。そのためABCは、公開討論会をもうけて映画を観た視聴者の反応を話し合う必要があると判断し、反響の大きさを前もって和らげるため、核兵器の保有を支持するヘンリー・キッシンジャーとジョージ・シュルツを討論会に招待したのだが、いずれにしても、この映画にかんする論争は新聞の一面記事をにぎわして、テレビの特別番組では過去最高の視聴率をあげた。

映画のなかにメロドラマの要素が入り込むと作品の質がいくらか落ちるものだが、それでもこの映画のなかで核兵器による惨状を描いたシーンは、少なくとも数百万人の視聴者に衝撃をあたえることになった。特撮が得意な技術者が実際のような火球や炎に包まれた光景を演出し、撮影セットでは数ブロックにわたって破壊された建物を造り上げたが、とはいっても、たとえハリウッドの資金をすべてつぎ込んだとしても、広島や長崎の惨状をそのとおりに再現することなどできるわけはないし、この映画では、核攻撃を受けたあとの俳優たちは、スティーヴ・グッテンバーグのように、みんな煤だらけの傷ついた姿になっていたが、やけどでただれた姿ではなく、歴史上の事実に照らし合わせても、実際に被爆者たちが体験したことを正しく伝えてはいないのである。とはいえ被爆者が体験したのと同じ出来事は、マクガバン&スサンの映像を見たことがある人（つまり全米の視聴者のごくわずかということだが）のだれにも起こることなのだし、たとえ特撮やメイキャップが数十年後に今よりはるかに進歩したとしても、一九四六年にアメリカ陸軍の撮影チームが撮影した映像のとおりをハリウッドの巨匠たちが再現することなどできない話なのだ。

＊＊＊

それから二年たらずの一九八四年に、あり得ないだろうと思っていたことが急に実現することになった。このわたしが被爆都市を訪問することになったのである。

マサチューセッツに事務所を置く日本の財団が数年前から、アメリカ人のレポーターたちに一ヶ月ほどの滞在期間で広島と長崎を訪問できるよう支援をしていて、この財団は、タフツ大学の教授で日本生まれの秋葉忠利が運営していて、非公式ながら「アキバ・プロジェクト」として知られていた（数年後に秋葉は日本へ帰国し、国会議員に当選したのち、広島市長を数期にわたって務めた）。この計画に選ばれるレポーターは、いつもは日刊新聞の関係者で、日本を訪問する目的は、被爆者たちの話をアメリカの国民に伝えることだった。

　毎年、四人のレポーターが選ばれ、わたしは厳密にいうと選考基準に合わなかったが、反核雑誌の編集者ということで、国際理解財団（the Foundation for International Understanding）が例外として認めてくれた。旅行のための資金は、広島の代表的な新聞社、テレビ局、広島市の文化財団から集められ、旅行のスケジュールはユニークな内容で、参加者は、旅行中の体験を十分に味わえるよう工夫されていた。これまでのアメリカ人ジャーナリストたちで、広島に一日か二日を超えて滞在（たいていは八月六日の原爆記念日を取材するためだけ）する人はほとんどいなかったし、日本のもうひとつの島にある長崎まで訪れるジャーナリストは稀だったが、それがこのたびの計画では、東京で一週間の準備期間がもうけられていて、そのあと広島に二週間、長崎に一週間ほど滞在することになっていた。

　わたしは応募用紙に、スサンについて書いた『核の時代』の記事を添えて、自分はスサンが撮影した被爆者たちの何人かにインタビューをしてみたい気持ちがあることを力説した。審査員のなかにジョン・ハーシーとマーク・ハットフィールドがいて、カリフォルニア、ミシシッピ、ワシントンの各レポーターとともに、わたしを選んでくれた。

このたびの訪日では、スサンが一九四六年に陸軍の負担で日本各地を旅行したときのような気分（スサンは「物見遊山」といっていた）をちょっと味わいながら、この機会を最大限に利用しようと考えた。旅行に先立って、ニュー・スクール大学の日本語講座を受講し、一九六七年にロバート・ジェイ・リフトンが被爆者たちからの聴き取りをもとに著した *Death in Life*（邦題『ヒロシマを生き抜く』）を読み、ニューヨークでリフトンと初めて会って、何度も訪れたという日本について話を聞かせてもらった。「広島は時間を超越しているところです。ただ、十年が経過して変わったことというと、被爆者たちの数が減っていることです」とリフトンはいった。

日本に行ってやりたいと思っていることは、自分のなかにずっと引っかかっている疑問に答えを見出すことだった。その疑問というのは、政府の当局者はなぜ、一九四五年と一九四六年に広島と長崎で撮影された数万フィートにおよぶ映像のフィルムを隠蔽しつづけたのかということだった。戦後数十年ものあいだ、トルーマンをはじめ多くの歴史学者のだれもが、原爆を投下したことについて恥ずべきことは何もなく、隠蔽されているものは何もないと説明してきた。この点から考えれば、（日本がはじめた）戦争を終わらせるためには原爆を使用するしかなかったのであり、日本本土へ侵攻することによって失われる可能性のある何百万人ものアメリカ人だけでなく、日本人の命も救うことになったということになるわけだ。

それならなぜ、フィルムを隠蔽するような隠しごとをする必要があったのだろうか？　原爆が何十万人もの人命をうばい、二つの都市を破壊し尽したことはだれもが知っていることだし、放射能による深刻な障害も今では明らかになっている。政府の高い地位にいた人たちの多くは（アンダーソン少将を除いて）、あの映像を公開すれば、アメリカが勝ちほこったことを示すことになるし、ソ連に対する警告にもなり、一九五〇年代のアメリカにおいて核攻撃に対する民間による防衛体制の気運を高めることになるなど、多くの利点があると感じていたはずなのに、それも一九八〇年代初頭まで棚上げさせることになったのである。

そのため、日本に行ったら、もっと深い真相は何かを探し求めるつもりでいた。結局のところ、例のフィルムのことにしろ、日本に対して限定的な核攻撃をおこなったことにしろ、どんな深い意味があったというのだろうか？　焼夷弾によって原爆とほぼ同じ数の人たちが犠牲になったドレスデンや東京と、広島と長崎は何がちがうのか？　もちろん、これに対するある程度の答え（焼夷弾は放射能を飛散させなかったし、全人類にまで影響をおよぼすほどの大惨事ではなかった）はわかるのだが、ほとんどのアメリカ人が責任を感じていない、はるか昔の原爆という出来事を記録したフィルムだけが、なぜ長期間にわたって隠蔽されてきたのかという説明にはなっていないのである。

＊＊＊

『ダーク・サークル』を観て、日本で何が待っているかが、わずかなりともわかってきた。この映画のなかには、一九四六年に撮影されたカラーフィルムの映像がほんの二分だけ映し出されているが、映画のなかでわたしが本当に見たかったのは、長崎で背中に重度のやけどを負った谷口稜曄（すみてる）が最近受けたインタビューの場面だった。谷口は、原爆とフィルムの隠蔽という二つのものを象徴する人物と思われたからである。

『ダーク・サークル』のなかの短いシーンで、谷口という名前の、髪の黒いひどく痩せた中年の日本人がスーツ姿で郵便局の仕事を終えて帰宅する場面が映し出され、小さな日本風の家屋に入ると、夕食の仕度をしていた妻が谷口の上着をゆっくりと脱がせている。それからシャツを脱ぐと、落ちくぼんだ胸と背中の醜い傷痕があらわれる。背中は、全体が茶色をした継ぎはぎだらけの大きな一枚の布のようだ。

それから映像は、今ではよく知られた（わたしにとって）、病院での谷口少年のカラー映像に変わり、医師たちが背中の開放創を処置しようとしているシーンになる。そして、場面は谷口少年の様子からふたたび現在の谷口にもどり、インタビューを受けるため自宅で灰色の和服を着て座っている様子を映し出す。その顔は、背中の傷痕とはちがって、ほとんど傷痕はなく、健康的だ。

そして、原爆が投下されたとき自分は郵便局員として郵便物を配達していて爆風で自転車から吹き飛ばされたと語ったあと、病院に収容されてからの体験を語るのを聞いていると、それは、わたしが想像していた以上に深刻なものだった。マクガバンとスサンは、病院のベッドに横たわったまま六ヶ月が過ぎたころの谷口少年に出会ったわけだが、それからさらに一年以上も背中を上にした格好のまま過ごしたのである。映画のなかでは、その当時の自分は、戦争をはじめた日本の指導者たちを憎むようになっていたと話すのだが、原爆を投下したアメリカ人や、自分を撮影するためカメラを手にしてやって来たアメリカ人たちのことについては、なぜか何も語っていない。

わたしは、長崎に行ったら谷口に、この疑問や、ほかに多くのことを尋ねてみようと心に決めた。

三　広島

東京から新幹線に乗車して、日本の東から次第に広島に近づいていくと、かなりの不安とともに何かしら不気味な気持ちに囚われざるを得なくなるものだ。しかも、それが広島への初めての旅行となると、一発の爆弾で完全に破壊され、広範囲に放射能がまき散らされた街に初めて足を踏み入れることになるわけで、そのうえアメリカ人ならなおさらのこと、そんなことをしたのは自分の国だということになるのだ。

わたしも一行のほかの人たちと同じように、日本国内を観光で移動しているあいだは、美しい景色を楽しんだり、笑ったりジョークを飛ばしたりしていた。七月の霧雨の降る日は、富士山は雲におおわれていて、よく見えなかったし、京都駅のプラットホームから見える風景も、どんよりと曇っていた。ただ、同行のジャーナリストたちとはちがって、一九七六年に観光旅行をしたとき富士山と京都は見たことがあったので、今回は富士山と京都を見ることができなくても別にがっかりすることはなく、列車が西に向かっているうちに午後から日が差してきて、これから広島を訪れるのだという重苦しい気持ちに集中しようとした。

これだけは、はっきりいえるが、東京で五日ほど雨に降られたあと、わたしには心づもりができていた。広島と長崎を訪れる前に、わたしたちは日本で幅広い分野の専門家たちにインタビューをしていた。ある著名な社会学者は、被爆者たちは癌をはじめとするさまざまな後遺症に不安を抱くなかで生きつづけながら、ほかの多くの人たちが亡くなったのに自分が生きながらえていることへの罪悪感に苦悩していることを理解するよう説明した。多くの被爆者が自殺し、まるで最後のことばを残すかのように、被爆者と認定された日本政府発行の被爆者手帳をもったまま発見されていて、ある被爆者の女性は、被爆者手帳を手に結びつけて川に飛び込んで自殺したという。「被団協」という被爆者団体のリーダーは、国内に三〇万人を超える被爆者がいて、平均年齢は六十歳で、戦争を引き起こして自分たちの一生を破滅させた日本政府から、長いあいだ経済的な補償や十分な健康管理を受けることができずにいると語った。

テレビの解説者で外務大臣の顧問をしている人は、日本は「核アレルギー」を徐々に失いつつあり、在日米軍基地に巡航ミサイルのトマホークが運び込まれているらしいという噂もあって、日本は核兵器を保有しないという長年の政策も形骸化していると語り、かつて広島と長崎に原爆が投下されたのに、「平均的な日本人は、核兵器によるホロコーストに対して無関心だったり、鈍感になっているのかもしれません」と述べている。

ごくわずかだが楽観的な意見もあって、ある医学者は、一般に知られている考えとは反対に、被爆者の子供たちの遺伝子に突然変異をきたしたり、健康上に不具合を起こす可能性は非常に小さく、証明もされていないと語ったが、とはいっても、それとは反対の証拠が、今後出てこないともかぎらないのだ（被爆者の子供たちは、かなりの不安を招くことになるが）。ずっと以前から被爆二世たちは、結婚して子供ができると奇形児が生まれることで結婚相手が不安に感じるという理由から、相手を見つけることに苦労していて、その人たちの多くは、今でも自分たちの経歴を隠そうとして偽りの生活を送り、最悪の事態を怖れているという。このことは、日本に来て初めて知ったことで、原爆にまつわる、このような隠された現実が、いずれどのような方向に向かって行くのかということを知ることになった。

東京を発つ前に、岩倉務に面会した。岩倉が国連本部の原爆写真展でスサンと出会ったことがきっかけとなって今回の日本訪問が実現したわけだが、面会した場所は平和博物館というところで、にぎやかな通りに面して建てられた斬新な設計の新しい建物だった。平和活動家のなかには、岩倉が「平和活動を利用する起業家」として度が過ぎていると不満を述べる人もいた。10フィート運動によって多額の資金が集まり、それによって入手したカラーフィルムを使って初めて『にんげんをかえせ』と『予言』という二本の映画を制作したあと、それから何年ものあいだ、残った資金を自分の事業に充てていたのだ。最近も、アウシュビッツの遺品をドイツから密かに入手して平和博物館の所蔵品に加えたり、日本人が撮影したニュース映画の白黒フィルムを入手して上映する援助をし、テレビで四回ほど放映させたりした。

岩倉は、鼈甲のメガネをかけた五十代の大柄な人で、穏やかな様子で迎えてくれた。本人が建てた平和博物館は、まだ準備段階で展示品は少なく、来館者もほとんどいなかったけれど、わたしは青色のエンブレムの入ったスカーフとTシャツを土産に買った。二人でスサンのことについて少し話をしたとき、前年の一九八三年に日本を訪れたスサンが何人かの被爆者たちと「再会」した場面に立ち会ったことを思い出して、とても感動的だったと語った。そして、「起業家」として手がけている仕事が多くあり、これから七本もの映画を制作するつもりでいて、そのなかにはあのカラーフィルムを利用したものもあった。「ですから、ある意味で10フィート運動は非常に有益なことだったんです」と岩倉はいった。

一九七〇年代半ばになって、それまで活動の先頭に立っていた岩倉は、国内のカメラマンたちに対して、三〇年以上ものあいだ隠しもっている写真を提供してくれるよう依頼したのだが、そのときになって、広島と長崎で撮影した写真はすべてアメリカ軍に没収されていたことを知った。ただ、カメラマンのなかには撮影したネガフィルムを裏庭へ埋めて隠したり、プリントした写真を複製しておいた者もいたことを知り、さらに、アメリカ軍によって日本国内から持ち去られた多くの写真が、現在ではアメリカの公文書館で入手できることを知ったという。

一九七八年には、それらの写真を使った初めての写真集が発刊されて二万五〇〇〇部が売れ、スペイン語、英語、フランス語、ドイツ語に翻訳されて数千部が海外へ送られた。そして翌年には、世界各地を巡回する写真展がニューヨークで開催され、岩倉が初めてスサン（高齢の立派な男性だったそうだ）に出会ったときの話の内容は、スサンがインタビューで語ったことと一致していた。ともかく、背中に大やけどを負った谷口少年の写真が岩倉とスサンを引き合わせ、それをきっかけにカラーフィルムを目にすることができるようになったのである。

わたしが、公開を禁止されていたカラーフィルムの経緯について説明すると、岩倉は、一九七九年のあの運命的な渡米のときに自分が何を知ったのかを説明する手助けになったといった。すなわち、ほとんどのアメリカ人（平均的な国民から議員に至るまで）が、日本に投下した原爆のことをそれまでほとんど何も知っていないことがよくわかったというのだ。それまでは、平和活動家たちが広島の瓦礫を撮った白黒写真を見たことがあるくらいで、驚くほど多くの国民は、自分の国が日本の二つの都市に原爆を投下したことさえ知らなかったという。そして、「スサン氏の撮影したフィルムの映像をアメリカの国民が長いあいだ目にすることができなかったことは、恥ずべきことですよ」とまでいった。「今では、あのフィルムのことを知らない二つの世代があります。そのため、わたしたちがスサン氏のフィルムを使用する目的は、加害者の立場から撮影したフィルムを本人が願っていた目的のために活用することと、そのフィルムを核兵器を廃絶する手段にすることです。おそらく若い人たちがあの映像を目にすれば、遅すぎたと思う前に自分たちの未来を決めることができると思うのです」

＊＊＊

新幹線で東京から広島に向かいながら、列車はトンネルを出たり入ったりして、青々と茂った谷あいを通過しているうちに、車窓から建物が密集する広島の市街地が見えてきた。そして、今こうしてはるか彼方から空を見上げてみても、あの広島の上空で原爆が炸裂してキノコ雲が立ちのぼった光景を想像しないわけにはいかなかった。

広島駅に着いて、周囲を眺めると、広島の街は日本のほかの近代的な大都市と少しも変わらないように思われた。そして事前に知らされていたとおり、ひどく暑かった。わたしたちのホテルは、爆心地や平和公園と平和記念資料館から歩いて行けるところにあって、ホテルの窓から眺めてみると、どこかシアトルの風景に似ていた。さいわい、財団の随行員で英語が話せる若者の一人が、広島の街が一望できる比治山（ひじやま）に連れていってくれることになった。

　比治山は、原爆が投下された直後に噴煙と火災で大窯のようになった街から、数千人の被爆者たちが逃れてきた厳かな小高い山だった。逃げおくれた数千人の人たちがここで亡くなり、スサンが広島を訪れたときには、あたりにまだ白骨化した遺体が見つかっていたという。ロバート・ジェイ・リフトンの『ヒロシマを生き抜く』の心を打つ文章のなかに、歴史の教授だった日本人の語った話があり、この人は、原爆が投下されたその日に比治山に避難しながら、うしろをふりかえって見ると、広島の街が「消えていた……。もちろん、そのあとで多くのむごたらしい光景を目にすることになったのだが、比治山から眼下を見おろして広島の街が何もなくなったという体験は、あまりにも衝撃的で、広島が存在しなくなったのだという自分の気持ちを簡単にいいあらわすことができなかった」と語っている。

　わたしが今、比治山から眺めている広島は人口が八〇万人に膨れあがっていて、一九四五年（当時の広島は、日本のほかの地域から見ると、牡蠣が名産というだけの「地方」の街として知られていた）のころの三倍の人口になっている。それでも、こうして比治山から眺めていると、一九四五年八月六日当時の街の地形とほとんど変わっていないため、原爆が投下される前の広島の風景を思い描くことは、それほど困難ではない。太田川の六本の支流が、巨大な指のように街を分かつように海に向かって流れ下っていて、あの日、安全な場所を求めて数千人の人たちが逃げのびながら、熱せられた川の水に入って亡くなったり、海まで流されていったのが、この川だったのだ。

比治山から周囲を見わたすと、広島の街が三方を小高い山に囲まれた、お椀の底のような地形だということがよくわかる。周囲のこれら小高い山のために、広島の街は、一九四五年にアメリカの標的委員会が名づけたように、原爆が炸裂した直後の爆風が山から跳ね返ることによって破壊力を増す、独特の「集束効果（focusing effect）」を生じることになった。この効果は、道徳上の問題を別にすれば、人間や建物を効率的に殺傷し破壊するという望みどおりの結果を生むことになった。そしてトルーマン大統領は、原爆が投下されたあとの国民に向けた演説のなかで、広島を「軍事基地」とだけ述べたのである。

比治山から広島の街を見わたしてみると、お椀の底のような街の中心部の上空で大量破壊兵器の原爆が、眩しい閃光を発して炸裂した瞬間の光景を容易に想像することができる。広島の原爆について出版物を読んだり知ったりすることと、すべての市民を殺戮するため広々とした街の上空で原爆が炸裂し、放射能を含んだ爆風を実際に「目にする」こととは、まったく別な話なのだ。このことは、わざわざ大陸を越えて日本を訪れた、このたびの旅行に十分な価値をあたえてくれる真実になった。だからもしも、見晴らしのきくこの比治山から原爆の炸裂した瞬間を撮影したフィルムさえあれば、核兵器は人類にとって過去の遺物になったかもしれないのである。

比治山を訪れたときのことは、あれから四半世紀経った今でも、記憶に鮮明なまま残っている。それは時間を超越しているからだといわれるかもしれないけれど、仮にそうだとしても、以下に述べるわたしの話から導き出されることの多くは、改める必要のない事実なのだ。広島と長崎を最近訪れた人たちと話をしてみると、被爆地の街並みにしても、原爆の記念式典にしても、被爆者たち（その人たちも今ではずっと少なくなったが）の想いや境遇にしても、わたしが訪れたときと、ほとんど何も変わっていないことがわかるのである。

広島に着いて初めての晩、落ちついた店で蕎麦と天ぷらで夕食をすませたあと、わたしたち一行は「カラオケ」という新しいスタイルのバーに行く機会もあったが、そのかわり財団の関係者が、観光客のいない閑散とした平和公園の夜のツアーに案内してくれた。平和公園は太田川の支流によって街が分かたれた、ちょうど舌の先のような形の区域を占めている。

広島平和記念資料館は公園の南の端にあり、建物は支柱の上に建てられた箱形の建造物になっていて、その北側は毎年の原爆記念式典が開催される広場になっている。そして、広場の前に、高さが大人の身長の二倍はありそうな、大きな鞍のような形をしたコンクリート製の「慰霊碑」があり、アーチ状のこの慰霊碑のなかをとおして、その向こうに、水をはった池（平和の池）と、燃えつづける炎（平和の灯）と、今では世界中で知られているとおりの、原爆によって倒壊し先端が骨組みだけになった原爆ドームを目にすることができる。

慰霊碑の内部には石室があり、原爆死没者の氏名を記録した名簿を広島市がそのなかに保存していて、この名簿は、新たに亡くなった被爆者の氏名が追記されるので、年々増えつづけている。わたしたちが慰霊碑の前に立って頭を下げたときには、死没者の数は一一万五〇〇〇人に達していた。それにしても、この慰霊碑のように、新たな犠牲者を安置する部屋を用意しているような墓がほかにあるだろうか？　優雅な形状のこの慰霊碑は、それ自体にまるで生命があるかのようで、死者と死にゆく人たちにとって永遠に生きつづける記念碑なのだ。

それと同時に、この広島の街全体が、ひとつの慰霊碑とみなすこともできる。

公園内の周辺には生い茂った樹木が生えていて、そのあたりには、いろいろな団体の犠牲者の慰霊碑が何十となく建てられていて、なかには学校の教職員、消防士、医師、母親と子供たちの慰霊碑もある。わたしたちは、ライトアップされた原爆ドームへ行くため、特徴的なT字型の形状だったため原爆の投下目標になった相生橋（あいおい）を歩いて渡った。壮大だが老朽化した骨組みだけの原爆ドームは、当時は広島県のホール（広島県産業奨励館）だった跡で、広島の街が大規模な復興を遂げるなかで、原爆によって破壊されながらも生きのびた唯一の巨大な建造物である。このドームは世界的にも原爆の象徴とされているかもしれないが、じつは、広島の市民のなかには、原爆ドームはむごたらしい歴史の醜い遺産と思っている人もいて、その人たちはドームを取り壊して、アメリカ人が何十年も前に取りかかった都市の破壊という仕事を自分たちでやり終えようと考えている。

その夜の散策からホテルにもどると、すっかり疲れていたけれど、それは暑さのせいばかりではなかった。何万人という人が亡くなった街で食事をし、観光をしたあと、これから床に就こうとする体験は、ひどく薄気味の悪いものだった。それに、広島の街が被爆地であることを目玉にして「観光化された」ことも否定できないという事実は、本来体験すべき意味をあいまいにするのではないかと憂慮した。ただこのことは、スサンとマクガバンが一九四六年初頭に気に病む必要のないことでもあったのだが。

＊＊＊

翌日からは、矢継ぎ早のインタビューをはじめて、ときには深い感銘を受けたりしたが、ゆっくり時間をかけることができなかったので、多くの教訓を学べる余裕がなかった。いずれにせよ、このとき原爆やその後の影響を語ってくれた証言者たちは、作家のミラン・クンデラが述べたように、「忘却にあらがって思い出そうと奮闘している」ようだった。

自然災害による死は、ともすれば成り行きによって発生するため、「生き残った人が罪悪感を抱く」ものだが、広島の出来事のように、人為的な大惨事で、すべての住民が死の標的にされて街全体が壊滅状態になると、生き残った人もいれば、死んだ人もいるという事実のため、道徳的にいっても、道理面からいっても、罪悪感という意味をまったくなさなくなるものだ。

平和記念資料館では、館長の川本という人が、みずから案内役を買って出てくれた。川本は、このたびのテーマにかんするちょっとした専門家で、本人も被爆者だった。被爆したのは十三歳のときで、四五人いた同級生で唯一の生き残りだという。この資料館は、その趣旨に成果がなければ（開館した一九五〇年代の期待を裏切って）陰気なだけの施設だが、厳かな雰囲気で、小さな物ばかりではあるが説得力のある原爆の遺品を展示していて、焼けただれた屋根瓦、熱で溶けたガラス瓶、原爆が炸裂して数時間後に降った「黒い雨」が染みついた石などが展示されている。この施設は、世界で初めてとなる、自然の法則に反した歴史資料館と呼んでいいのかもしれない。

展示ケースのなかに、黒焦げになった弁当箱、ぼろぼろになった制服、つぶれた三輪車などがあるせいか、館内の至るところに、当時の子供たちが、はしゃいだり笑い合ったりしているような気がした。館内の壁を背にして、原爆によって跡形もなく蒸発した人間の影が永遠に刻みこまれた石段が置かれている。あるジオラマでは、ゾンビのような姿の二人の女性が両腕を前に差し出していて、手の先からシャツのように皮膚が垂れ下がっているのだが、前面にあるガラスにわたしの姿が反射しているせいで、自分が二人の女性のあいだに立っているような気がした。川本は、わたしたちと一緒に館内のオフィスにもどると、この施設のなかにいて自分がもっとも悲しく感じるときというのは、朝、自分の机に座っていると、施設を見学に訪れた幸せそうな子供たちが、館内の階段を元気そうに下りていく足音を聞くときだと語った。そんな子供たちの足音を聞くと、多くの人は微笑ましく感じるのだろうが、川本にとっては、子供たちの足音が、原爆で全員が亡くなった同級生のことを思い出させて、寂しくてやりきれなくなるのだという。

資料館をあとにしてしばらくのあいだ、わたしたち一行だけで公園のなかを散策し、それでやっと自分なりの時間が取れたことをありがたく感じた。日射しをすっかりさえぎるほどの大きな樹は見あたらなかったので、低い木立のなかにあったベンチに腰をおろして、空と地平線のあいだを見わたしながら、この一帯がすべてなくなった光景を想像してみた。そうしながら公園を見まわしていると急に、この場所に、なぜ堂々とした大木がないのかがわかった。それは、広島の街に古い寺院や歴史的な建造物がないことと同じ理由からで、本来なら、古い歴史を有する近代的な都市が、豊かな文化と何世紀にもわたって存在してきたことを象徴する歴史的なものが、文字どおりすべて失われた（半ば倒壊した原爆ドームという建物が一ヶ所あるほかは）ということなのだ。

＊＊＊

広島での滞在が一週間あまり過ぎて、野球ファンのわたしにとって夜の楽しい気晴らしは、広島カープの試合を観戦することだった。わたしの希望によって、財団が、広島を訪問中のわたしたちジャーナリストたちのために、バックネット裏の観客席を確保してくれたのだが、当然のことながら、野球を観戦するわたしたち一行の様子や、日本人の野球ファンたちが、わたしたちのことをどんな想いで見ているのかを取材しようとして、テレビ局が同行してきた。

数年前に王貞治にインタビューをしていたおかげで、日本の野球については少しばかり知っていたが、日本では野球は少なくとも半世紀前から盛んで、スサンも、原爆による廃墟のなかで野球に興じる少年たちを撮影したと語ってくれたことがある。広島の球場は、なんだか壊れそうな造りで、簡単な骨組みだし、広さもアメリカのトリプルAほどの規模だ。それに、球場のある場所は爆心地のすぐ向こうなので、ホームランを二本もつなげれば届く距離にある。

観客席に座っていても、なんとなく落ちつかなかった。それというのも、三塁側の向こうには原爆ドームがぼんやりと見えるし、球場のあるところも、かつては多くの人たちが亡くなったことを想い起こさせるからだ。そんなことを想っていると、球場にいる日本人の観客たちが笑い合ったり、わたしたちの方を指さして、「見ろよ、アメリカ人たちが広島で（よりによって）アメリカの娯楽を観戦しているぜ」と囁き合っているような気がしてきて、その皮肉な想像が強烈だったので、重苦しい気持ちになった。

一九五〇年初頭に、広島で初めてとなるプロ野球チームを結成するため野球場を造ることになったが、当時の広島市長は、野球によって「広島に活気を取りもどそう」と考え、一九四五年八月六日の悲惨な出来事を、市民が野球観戦に興じて忘れることになればと思ったそうだ。そして、球場は爆心地からわずか二八〇メートルのところに造られたのだが、そのせいで野球ファンたちがこの場所が好ましくないと感じているという証拠はない。広島に暮らす大人たちの多くは、自分が原爆で被災しながら生き残ったか、両親を亡くしたか、被爆者の親戚だった人たちだったが、そんな人たちでも、何千人もの人たちが亡くなったその場所に来て、ビールを飲んだり歓声をあげたりしているし、応援する野球選手のなかには、自分たちの身内（あるいは自分自身）に原爆を投下した国の出身者が選手として出場しているのだ。

そんな罪悪感や落ちつかない気持ちとは裏腹に、気がつくと、いつのまにかカープのために大声で声援を送っていた。そうすることで、原爆を投下したことへの償いになるような気がしたのだ。とはいえ、この場所は今でも、かつて多くの人たちが亡くなった場所だったことに変わりはなく、この球場から見上げれば、原爆が炸裂した空の一点を見ることができる。

ニューヨークから来た野球ファンの一人として、やっぱり試合を存分に楽しむことはむずかしかった。ヤンキー・スタジアムからは地下鉄のブレーキ音が聞こえ、メッツのホームグラウンドからはラガーディア空港のジャンボジェットが見える。広島球場からは肩越しに原爆ドームが見える。ヤンキー・スタジアムには、ベイブ・ルースやルー・ゲーリッグの亡霊がさまよっているとよくいわれるけれど、広島球場では、とくに試合中は、そこにさまよっているかもしれない亡霊たちのことは、あまり深く考えたくないものだ。

＊＊＊

広島の被爆者のなかで、もっとも会ってみたいと思っていた人は、このたびの重要なテーマをスサンとマクガバンの二人と同じように理解してくれる、真の意味での専門家だった。

中國新聞社のカメラマンだった松重美人（よしと）は、一九四五年八月六日当日に貴重な写真を撮っていて、その写真は、今ではよく知られている。一九五二年九月二十九日号の雑誌ライフに掲載されたのは、そのうちの五枚の写真で、*First Pictures - Atom Blasts Through Eyes of Victims*（「被爆者の目をとおして見た原爆‐初めての写真」）として高い評価を受け、それまでメディアで公表されることを禁止されていた広島と長崎の生々しい映像を公にする発端になったのだが、すでに本書で述べてきたように、その写真よりもさらに生々しい映画のフィルムの方は、一九五二年当時はまだ隠蔽されたままだった。

一九四五年八月六日、松重は、原爆が投下された直後、残っていた数少ないカメラと、二本で合計二十四枚が撮れるフィルムをたずさえて、十時間ほど広島の街を歩きまわったが、まともに写真を撮れる状況ではなかった。それでも貴重な写真を一枚ずつ撮っていったが、シャッターを押したのは七回だけだった。写真を撮り終えると自宅にもどったが、自宅ばかりか市内のどこも暗室のある場所は破壊されていたので、昔ながらの方法でフィルムを現像し、満天の星の下、周囲は家屋が倒壊し、彼方に見える街の中心部がまだ燻っているなかで現像したフィルムを小川で水洗いし、焼けただれた木の枝にフィルムを吊り下げて乾かしたという。シャッターを押した七枚のうち五枚が写っていて、この五枚の写真だけが、あの日、広島の惨状がどんなものだったかを世界に知らせることになったのである。本当は、残っている十七枚のフィルムも写真に撮るつもりだったのに、実際にはシャッターを押せなかったその場の光景がどんなありさまだったかは、松重だけが知っている。

松重の撮った写真のうちの二枚は、雑誌や書籍に幅広く掲載されていて、その一枚は、ぼろ切れを着たような姿の被爆者たちが、爆心地から三・二キロメートルの御幸(みゆき)橋のたもとで両膝を抱えるようにして一列になって座っている光景だ。ただ、その写真を見ただけでは、その人たちの体から垂れ下がっているものが、裂けた衣服なのか、それとも垂れ下がった皮膚なのかを見分けることは困難である。泣き叫んでいる人は一人もいないし、その人たちは橋の向こうをぼんやり眺めているだけで、その方角のあたりは、炎の竜巻と噴煙が巻き上がっているはずだ。もう一枚の写真は、一枚目の写真の光景を近接して撮ったもので、写真の中央に一人の警察官と数人の女学生が立っている。

この二枚の写真に写っている人たちは、だれもが松重に背中を向けていて、迫りつつあるホロコーストをじっと見つめている。写真に写っている人たちの多くは、まもなく亡くなったはずだが、写真のなかに遺体は写っていない。とはいえ、この二枚の写真は、倒れかかったビルや瓦礫が散乱した光景（その光景を撮影した写真も、映画のフィルムと同じように、長いあいだアメリカによって隠蔽されることになった）を見わたすような写真よりも、はるかに原爆の恐ろしさを捉えている。その理由はたぶん、写真に写っている人たちは、原爆が炸裂した衝撃をまだ感じつづけていて、原爆そのものをまだ体験している最中だからなのだ。「リトル・ボーイ」は、この人たちや広島の街とは、まだ縁を切っていないのである。

きめの粗いその白黒写真に写っている被爆者たちの、立ったままや座っている様子から伝わってくる恐怖は、たとえハリウッドでどんなに巧みに再現した映像よりも、不気味な未知のものに対して人間が示す反応をはるかに多く物語っている。しかも、カメラマンの目線が被爆者たちと同じなので、被爆者たちが見ているものを、わたしたちも見ているのである。そのため、わたしたちも、原爆が投下されてから三時間後の黒い旋風を見つめながら、広島に向かう道を歩いているかのようだ。これらの写真が強く心に訴える理由は、あの日以来ずっと、ある意味では、わたしたちのだれもが広島に向かう道に立っていて、不安を抱きながら生きつづけ、これから迫りつつある遠くの噴煙と火炎をじっと見つめているからなのである。

松重は、現在は退職しているが、わたしたちと面会するため、以前に勤めていた中國新聞社の八階にある会議室にやって来たときは、白い靴を履いて小ぎれいな身なりをした小柄な人物だった。松重は、あの日にこれ以上写真を撮ることができなかったのは、「あまりにもむごい光景だった」ためと、やけどを負って傷ついた人たちが、「自分たちを写真に撮る者がいたら腹を立てるのではないか」と思ったからだと説明した。そして、本当はもっと多くの写真を撮ろうとしたが、シャッターを押す「勇気を奮い立たせることができませんでした」と語った。

原爆が投下されてから数週間後、アメリカ軍は、日本人が撮影したニュース映画のフィルムと同じように、原爆の直後に撮られたスチール写真をすべて没収したが、「ネガまで提出することは要求されませんでした」と松重は、にやりと笑っていった。そのため、松重の撮ったこの写真が、七年後に雑誌ライフに掲載されて世界中に反響を呼ぶことになったのだ（スサンとはちがって、松重は戦後もカメラマンの仕事をつづけていた）。なお、八月九日当日の原爆投下直後に長崎で撮られた写真は、現存していない。

「勇気を出して、もっと多くの写真を撮っておけばよかったと思うこともありますが、あのときは、あれが自分にできる精一杯のことだったという気がしています。あの日は、あれ以上写真を撮ることには耐えられませんでした。あまりにも痛ましい光景でしたから」

松重はそういうと、所持品をまとめ、深々とお辞儀をしてから、麦わら帽子をかぶり、青色のスーツを着て真っ白な靴を履いた元気そうな姿のまま、後世に遺すべき貴重な写真を収めた書類鞄を抱えて部屋をあとにした。

＊＊＊

広島に滞在した最後の蒸し暑い一週間のあいだに、わたしたちは放射線影響研究所を訪問したり、被爆者の一人でもあり戦後の公職者として広島市長を務める荒木武にインタビューをしたりした。それから、当時の広島赤十字病院だった原爆病院にも立ち寄って、そこで感慨深い想いに浸った。というのも、わたしの母が、ある大都会（ブルックリン）で看護婦をしていたことと、スサンとマクガバンがこの赤十字病院で多くの場面を撮影していたからだった。その場面のなかには、病院の屋上で被爆者が自分の醜い傷痕を見せている忘れがたい映像もあった。院長の蔵本博士は、この病院は原爆に被災して以降、何人もの被爆者が屋上から飛び降り自殺をしたと語った。

この病院では今も、長いあいだに原爆が原因で発症した白血病と甲状腺癌の新たな症例を治療していると蔵本は説明したあと、ちょっと信じられないことだったが、「あの日」のガラス片が分厚いコンクリートにめり込んだままの壁のところに、わたしたちを案内した。さらに、そのあと案内された病院の屋外には、ここで犠牲になった人たちの慰霊碑が建てられていて、碑文には、「死は、この市に住む人たちをも、その救護を使命とする人々をも同時に襲った。かくして残虐な無差別兵器は、この地点において赤十字が創設した博愛の施設にも打撃を与えたのであった。しかし、この事件は人間の良心を呼びさました」と刻まれていた。

けれども、はたして人間の良心は呼びさまされたであろうか？　まさにこの病院でマクガバンとスサンが撮影した映像が、もしも適切な時期にこの世に広く公開されていたなら、たしかに良心を呼びさますのに役立ったかもしれないのだが。

八月五日の夕方になって、明日の原爆記念日の様子を知りたいなら、今日は早めに引き上げて、当日はテレビ関係者や政治家たちが活動する前の午前五時には起床するよう伝えられた。広島にとって八月六日は格別な日で、ほかの地域とはちがっているのだが、犠牲者を追悼するためにこのような日をもうける都市がほかにあるだろうか？　レニングラードの攻防戦では、広島よりはるかに多くの人たちが亡くなったが、それは何ヶ月にもわたって大量殺戮がおこなわれた結果だったし、ナチスによるホロコーストも、はるかに多くの人たちが亡くなったが、犠牲者たちは、はなれた何ヶ所かの強制収容所に分散して収容されていたのだ。

一方、広島のように、一日で、これほどの犠牲者を出した都市があるだろうか？　広島は、世界で初めて起きた一度の大量殺戮なのであり、その一瞬の出来事を、運命の午前八時十五分という時刻で示すことができる。時計の秒針がカチリと進むあいだに何千人もの人たちが殺戮され、その時刻を過ぎてからも、さらに多くの人たちがつぎつぎと死んでいく現象がはじまったのだ。このことが、広島の八月六日が伝えてくれる教訓なのであり、八月六日の広島にしか伝えることのできない教訓なのである。

＊＊＊

夜明け前から広島の街に人々が集まりはじめ、平和公園にある「平和の灯」が燃えるなかを、最初の訪問者たちが慰霊碑の前で参拝をはじめている。車で数時間かけてやって来て、そこで二〇分ばかり過ごしたあと、また車で帰って行く人たちもいるという。慰霊碑の前では、まだ暗いなかを若いカップルたちが幼児の手を引いて、原爆で亡くなった自分たちの祖父母、叔父叔母たちを悼んで静かに立ったまま頭を（子供までが）下げている。その場にとどまりつづける人はいないし、涙する人もいない。慰霊碑の左手には、白い法衣をまとった僧侶たちが座っていて、読経しながら小さな太鼓（団扇太鼓）を打ち鳴らしている。慰霊碑の前には長いテーブルが置かれていて、死者に捧げるための果物、花、煙草、酒類などが供えられている。このようにして、これから何世紀にもわたって、この場所は多くの人たちが追悼する場になるのかもしれない。

空が白んできた。撮影用のライトを手にしてテレビのカメラマンたちが続々と集まってくる。慰霊碑のなかをとおして、その向こうに原爆ドームの外観と、一九四五年八月六日に銅製の表面を失って骨格だけになった有名な円蓋がぼんやりと見える。昇りくる朝日に照らされながらも輝かないこのドームとは、いったい何を意味しているのだろうか？　ドームのなかから青みを帯びていく空を眺めることができるとでもいうのだろうか？

すぐ近くの相生橋は車の通行はまばらで、ジョギングをする人たちが道路を気ままに走っている。「あの日」のちょうどこの時刻に、エノラ・ゲイは原爆の投下目標になった相生橋をめざして飛行中だった。川のほとりは静かだ。折り鶴ではない本物の鶴が一羽、新築されたビルの塔の先端にのんびりと羽を休めている。広島の街は、もう復興しないのではなく、今まさに復興しているのだ。八月六日の朝日が昇りはじめている。

原爆死没者の七万人の遺骨を納めた原爆供養塔のところでは、数十人の仏教、神道、プロテスタントとカソリックの信者たちが厳かな儀式をおこなっている。キリスト教の信者たちは、ジョン・ハーシーの『ヒロシマ』で中心的人物となった谷本清牧師（スサンがハーシーに谷本を紹介したと伝えられている）に率いられている。この場所ではとくに、焼香台から立ちのぼる線香の香ばしい煙で、むせかえるようだ。神道の信者たちが何人か涙をぬぐっている。

慰霊碑と平和記念資料館とのあいだにある芝生の広場で執りおこなわれる原爆記念式典には、外国人を含めた四〇〇〇人以上の人たちが参列するが、毎年八月六日は、いつも汗ばむような暑さだ。前年にはスサンも来賓として参列したはずだ。式典は決して華やいだものではない。喪服を着た男女が慰霊碑の前に進み出て、あの日、多くの人たちが水を求めて死んでいったという、広島を流れる六本の川から汲んできた水を満たした木桶を運んで行く（川までたどり着けなかった多くの人たちは、喉の渇きのなか、水を求めながら死んでいったのだ）。そのあと、この一年のあいだに原爆による後遺症で亡くなった約四〇〇〇人の被爆者の名前を記した名簿が慰霊碑の石室に納められ、その人たちも永遠にそこで安らぐことになるのだ。そして生き残った被爆者たちは、この慰霊碑の前で自分たちの肉親たちと再会するのである。

午前八時十五分になった。日本国内の何千戸という家々では、原爆死没者の遺族たちが仏壇の前に座っている。広島では走っていた路面電車が停まり、子供たちが歩道で立ち止まって頭を下げる。工場の労働者たちも作業の手を休める。原爆病院では、ベッドから起き上がれる被爆者たちが立ち上がって、慰霊碑の方角に顔を向け、ベッドの上に座ることのできない被爆者たちは頭を下げて手を合わせる。甲高い蟬の鳴き声が響きわたっている。何百年も前の古い鐘の音が遠雷のように重苦しく響く。これが、原爆がもたらしたあとの広島の姿なのだ。

このように広島の八月六日は、あの日と同じように、雲ひとつない空、息苦しいほどの暑さ、眩しい太陽が輝く一日となる。近代的な立派な外観のビルも、広島の人たちの心を象徴する遺物も、八月六日だけは安らぎをあたえてはくれない。

この日の黄昏時になると、毎年のように原爆死没者の親族や友人たちは、灯籠流しをするため平和公園に集まってくる。何十円かを払って細長い木の棒と、赤、黄、緑、青などの色紙と、プラスチック製の管を買い求め、これらを使って三〇センチ四方の灯籠を作り、色紙に犠牲者の名前を書いて、灯籠のなかにロウソクを立てて灯をともし、川辺に下りて石段のところまでもって行くと、若者たちが灯籠を受け取って、川岸から数メートルはなれた川のなかほどまで運んで行って、川の流れに任せて送り出す。

暗闇のなか、広島にかかるいくつかの橋の上から何千人もの人たちが、水によって安らぎを得た死者たちの霊を静かに見つめている。かつては、おびただしい遺体が浮かんで揺れ動く共同墓地となった川面を、今では、見わたすかぎりの灯籠がゆらゆらと漂っている。ひとつだけ漂っている灯籠もあれば、いくつかが固まりあった灯籠もあって、それらの灯籠は、まるで家族や同級生たちのようだ（そのように思い浮かべることしかできない）。わたしは貸しボートに乗って、川面に浮かぶ灯籠のあいだを、重苦しい気持ちのまま、しばらく過ごした。街のネオンがきらめくなかを、灯籠は暗い川面で揺れている。そして、ロウソクの灯が燃え尽きるころになると、平和公園のあたりから海に向かって、ゆっくりと流されて行く。

この灯籠流しは、集団の死を表現したものといえる。灯籠のひとつひとつは、一九四五年のこの日の朝八時十五分までは元気に躍動していた生命が、一分後の八時十六分には消え去ったか、今にも消え入りそうになった人間をあらわしている。そして、この灯籠流しを眺めている人たちのなかには、いつの日か、自分の名前が書かれた灯籠が同じこの川面に浮かんでいることを思い浮かべる被爆者たちもいるのだ。

＊＊＊

その夜明け前の午前四時ころ、かなり大きな地震でホテルが揺れ、宿泊客の多くは一階のロビーまで階段を使って駆け下りたが、わたしは愚かにも、みんなの助言を無視してエレベーターを使って階下へ下りた。この地震は、おそらく、川面に浮かぶ霊魂が安らいでいなかったせいなのだろう。

朝になって、いよいよ広島をあとにするとき、広島の主催者の一人から心に強く残る餞別をもらった。それは、こぶし大のかけらで、太田川の川縁に立っていた家屋の屋根瓦が一九四五年八月六日に原爆が炸裂したときに焼けただれ、一部は黒焦げになった数千もの破片を、のちに川底から拾い集めたなかのひとつだった。今でも、この破片を見ると、何万人という人たちが、その破片と同じ閃光と熱線を浴びた光景をすぐさま思い浮かべることができる。事実、被爆者のなかには、この破片のように、被爆死した友人や家族を「物体の死滅」になぞらえている人もいるのだ。

長崎では、このことをもっと深く理解することになった。原爆のことを知ろうとして海外から訪れる人たちの多くは、広島のあと長崎まで足をのばさないけれど、長崎は広島よりもっと豊かな歴史と南国情緒豊かな街なのだ。スサンとマクガバンは、長崎の荒廃状態をしっかりと映像に残していて、二人が撮影した被爆者のなかで、背中に大やけどを負った少年の谷口稜曄と、もう一人の被爆者が、わたしとの面会を待っていた。

四　長　崎

日本の西にある九州へ向かう列車に乗車して、わたしたち一行は、車窓から美しくのどかな稲田の風景を眺めながら、いくつもの谷あいを過ぎ、トンネルを出たり入ったりしたあと、皮肉なことに、重苦しい印象のある工業都市の小倉にいったん停車した。小倉は、八月九日の原爆投下の第一目標になっていたが、当日は上空が雲におおわれていたため難を逃れた街なのである。小倉をあとにして長崎に近づくと海が見えてきて、周囲の小高い山々が次第に高くなっていく。一九四六年にアメリカ軍の撮影チームがとおった同じ路線を街の北から長崎の街に入って行きながら、当時のスサンが、長崎にあった工場、病院、学校などが巨人の手によってなぎ倒されたかのような光景を目にして、自分の人生が変わったときのことを思い浮かべようとしたけれど、今わたしの目の前に見える長崎は、雑踏する都会の風景だった。

広島が、お椀の底のような地形だったため、一九四五年八月六日に起きた惨状がどのようだったかを想像することは可能だが、長崎は、港の方から山手に向かって長くのびる二つの広い谷間（その谷間のひとつは、原爆による被害をほとんど受けなかった）によって形作られた街で、原爆による被災状況が広島ほどにはよくわからなかったので、少し調査をすることになりそうだった。宿泊するホテルは、爆心地からかなり遠い港の近くにあったものの、それでも、わたしたち一行を寄せつけないかのようだったが、少なくとも原爆の亡霊たちと一緒に眠りに就くことはなさそうだった。

　ジャーナリストでも、わざわざ長崎まで足を運ぶ人は少ないし、二番目とはいえ原爆を投下された都市なのに、「ファット・マン」という原爆のことも忘れ去られたままでいる。アメリカでは、長崎というタイトルをつけてベストセラーになった原爆関係の本を書いた人はいないし、「ヒロシマ、わが愛（Hiroshima Mon Amour）」（邦題『二十四時間の情事』）はあっても、「ナガサキ、わが愛（Nagasaki Mon Amour）」というタイトルの映画を制作した人はいない。「わたしたちは、その他なんですよ。被爆都市としては二番煎じなんですからね」高橋真司という長崎の社会学者はそういって苦笑いをした。とはいえ、いろいろな意味でも長崎は、現在のわたしたちに、もっとも大きな意味をもつ被爆都市であることに、ちがいないのである。一例をあげると、長崎の上空でプルトニウム爆弾が炸裂したときには、広島に投下されたウラン爆弾は、もう時代おくれになっていたということがある。

　日本のサンフランシスコと称されるように、長崎は、奥深い港を取り囲むように周囲を小高い山で囲まれ、棕櫚の木が点在する美しい街ではあるが、小説 *Shogun*（邦題『将軍』）を読んだ人なら知っているように、多くの血なまぐさい歴史を秘めている。ペリー提督が日本に来航するより三世紀前から、日本の西に位置する国内で唯一の外国との玄関口で、一五〇〇年代になるとポルトガル人とオランダ人が定住するようになり、一五四九年にフランシスコ・ザビエルがこの地で日本で初めてのカソリック教会を建て、郊外の浦上は日本のカソリック教の中心地になった。長崎以外の日本のほかの地域は西洋に対して国を閉ざしていたが、長崎だけは西洋との交易が許されていて、イギリス人で初めての貿易商だったトーマス・グラバーは、近代的な小銃を日本へ輸入して、十九世紀に徳川政権を倒すのに一役買った。グラバーの生涯は、*Madame Butterfly*（邦題『蝶々夫人』）の物語の題材にもなっていて、長崎の街は、原爆のことよりも蝶々夫人の物語として世界各地で知られている。プッチーニのオペラ『蝶々夫人』では、港を見おろすグラバー邸のベランダに立つ蝶々夫人が、「ある晴れた日に、ひとすじの煙が立ちのぼるのが見え……」と歌っているけれど、現在では長崎の観光名所になっているグラバー邸から、仮に一九四五年八月九日に蝶々夫人がそこから北の方角を眺めたとしたら、三キロメートル彼方にキノコの傘のような煙が立ちのぼるのを目にしたはずだ。

一九四五年までには三菱重工業が関連する都市になっていて、当時の日本が次第に絶望的な戦況にあるなかで船舶や兵器を製造していた。長崎に原爆が投下されたときは、日本軍はほとんど駐屯しておらず、そのうちの約二五〇人（当日に死亡した連合軍の捕虜と併せて）の将兵が亡くなっただけだった。また長崎は、当時の日本でもカソリック教の中心となる街で、二五万人の市民のうち一万人以上のカソリック信者がいて、信者の多くは浦上周辺の貧しい地区で暮らし、浦上には、信者たちが時間をかけて少しずつ造り上げた、六〇〇〇人が収容できる大聖堂があった。

一九四五年八月九日午前十一時二分、「ファット・マン」は当初の目標を一・五キロメートル以上はずれて、浦上聖堂の上空で炸裂したため、聖堂は倒壊し、告解のため集まっていた数十人の礼拝者が亡くなり、浦上の谷間を走るコンクリートの道路は、文字どおり融解した。

浦上地区が原爆によって甚大な被害をこうむったのに、長崎のほかの地域は幸運に恵まれた。原爆による爆風は浦上を直撃して、その一帯のあらゆるものを破壊したが、爆風は家屋が密集する港の付近までは到達せず、中島川の地区は高い尾根によって爆風がさえぎられた。ただ、それでも長崎では三万五〇〇〇人が即死し、五万人以上の人がのちに亡くなっている。中島川の地区に住んでいた人たちは、真っ白な閃光を目撃し、轟音を耳にして地面が揺れたのを感じたが、熱線や火炎、それに多量の放射線からは免れたのだ。とはいえ、プルトニウム爆弾はＴＮＴ火薬二二キロトンに相当する威力を発し、広島に投下されたウラン爆弾の二倍の威力だった。

ファット・マンが当初の計画どおり三菱重工業の造船所の上空で炸裂していたら、少なくとも原爆の威力の大きさという点では、広島は二番目の被爆地になったはずだ。

いずれにせよ、長崎が原爆の投下目標に選ばれたことで、ある深刻な事態を招くことになった。それというのも、広島では、原爆は街全体に破壊をもたらしたが、長崎では、街の半分が破壊を免れた（グラバー邸を含めて）ため、広島では復興が慌ただしくはじまったのに、長崎では復興に対する救済措置が進まなかったからである。社会学者の高橋は、「浦上地区の一帯だけが、長崎の街のなかで二十五年前に復興した地域になったため、長い歴史をもつ長崎にとって浦上地区だけが街の新しい区域になったのです。市の行政機関のすべては爆心地からずっとはなれていたので、ほとんど被害を受けませんでしたから、このような被災状況のため、原爆による心理上の問題と同時に、行政上の問題もあったのです」とわたしたちに説明した。

こうして浦上地区というカソリック信者の多い地域の特性が、長崎のなかで分断を生むことになった。神道と仏教の信者たちの多くは、自分たちと原爆がもたらした不名誉とを分けて考えようとして、長崎に投下された原爆を「浦上爆弾」と名づけ、事実、原爆はカソリック信者に対する神託だと信じる人もいたし、カソリック信者も同じように感じていたのだ。

その後、一九八一年にローマ法王ヨハネ・パウロ二世が長崎を訪問し、集まった数千人の信者に向けて、長崎に原爆を投下したのは神の意志ではなく人間の所業なのだと語り、それからは、長崎の被爆者や行政の担当者たちも、原爆の犠牲者に対する補償を政府に積極的に求めたり、核廃絶を訴えるようになったという。

長崎のこのような背景を知ると、わたしたちが広島で体験したことに比べて、長崎の原爆記念式典がどことなく活気に乏しく印象が薄い理由がわかった。原爆による遺品を収集して展示している施設も、建物全体が原爆の資料館なのではなく、古めかしい共同住宅かホリデー・インのような外観の「長崎国際文化会館」の一部にあるだけだった。平和公園は、広島のそれよりは狭く、おもなモニュメントは、仏陀と若いころのアーノルド・シュワルツェネッガーを足して二で割ったような筋骨隆々とした巨大な彫像があって、片方の手を空に向けて指し示している（原爆に向けてなのか、それとも神に向けてなのか？）。

広島を訪れた人は、平和を利用する観光産業が街のなかにあったにせよ、原爆について心を動かされたり圧倒されるしかないのだが、長崎を訪れた人のなかには、取り立てて感動したりすることもなく、腑に落ちない気持ちのまま長崎をあとにする人もいる。とはいえ、被爆都市としては二番手の地位に甘んじながらも、長崎にも、深淵で、心を引きつける何かがあって、それは、南国の美しさとか西洋の影響が色濃く反映されているせいだけではなく、広島に対して原爆を使用したことを容認する多くのアメリカ人でも、長崎に原爆を投下したことには疑問を感じ、投下する理由がなかったとまで思っているという事実があるからだ。おそらくマクガバンとスサンも、長崎で何日かを過ごして、二人にもそのことがわかったり感じたりしたため、長崎にさらに長く滞在することを求めたのだと思う。広島に投下された原爆が、現在の核の時代に生半可な生き方をしていたらどうなるかということを訴えているのだとすると、長崎に投下された原爆は、無意味なことをした好例を示しているともいえるのだ。

＊＊＊

長崎に着いたその日の夕方、稲佐山の山頂までケーブルカーで登ってみて、長崎の地形がなんとなくわかってきた。港のあたりと、灯がきらめいている街のあたりを見おろしてみると、港から二つの方角に長くのびる谷間があることがわかる。その地形を眺めると、一方の谷間は、プルトニウム爆弾の炸裂によって甚大な破壊をもたらしたが、もう一方の谷間は、ほとんど無傷のままだったことが想像できる。この山頂から眺めてみると、原爆による運命の気まぐれや、アメリカによる残忍な企てをあらためて感じることができ、もし当初の計画どおりプルトニウム爆弾が港の上空で炸裂したとしたら、それから逃れることのできるものは何もないことは明らかで、おそらく、地球の裏側にいた原爆の開発者たちの穏やかな良心でさえ、後悔の念から逃れることはできなかったことであろう。

翌日、わたしたち一行は、スサンが教えてくれていたおかげで、アメリカ軍が撮影したフィルムのなかに登場し、日本で制作された『予言』や、そのほかの映画に登場する被爆者の一人に、やっと面会することができた。

街の高台にある片岡ツヨの自宅で面会したとき、その女性が『予言』のなかに登場する被爆者だとすぐにわかった。当時と同じように、顔はケロイドのため醜く変形し、まるで仮面をつけているようで、一本の棒を手のかわりに使っていた。マクガバンとスサンが撮影した映像のなかの片岡は、ケロイドで囲まれた両目で恨みを込めてカメラをじっと睨み、「わたしはうら若き乙女なのよ。それを、あなたたちは、ごく当たり前の人生を送ろうとしていた、わたしの希望を永遠に打ち砕いたのよ」と語っているかのようだ。そして片岡の人生は、まさにそのとおりになったということが、わたしたちにはわかった。

10フィート運動によって入手したカラーフィルムのコピーが日本に届いて、岩倉務がフィルムの一部をビデオに編集して長崎の被爆者たちに鑑賞させたとき、その映像のなかに着物姿の自分が映っているのを知ったという。自分が撮影された当時の細かな内容についてはほとんど忘れていたが、撮影用のライトが眩しかったこと、アメリカ軍の兵士たちからあれこれ指示されたこと、そのうちの何人かは銃をもっていたことなどが記憶の底からよみがえってきた。その記憶は苦渋に満ちたもので、友人で被爆者の多くの人たちは、マクガバンとスサンが片岡を撮影したフィルムを映画に使用することを断るよう、しきりに勧め、片岡もビデオを観ながら泣いていた。だれもが、その映像は屈辱的で人権を侵害するものだと感じたのである。

「そのころのわたしは平和活動家ではありませんでしたが、そのフィルムが平和のために役立つのかと岩倉さんに尋ねたら、そうだといわれたので、わたしが写っているフィルムを使用することに同意したんです」と片岡は語った。こうして『予言』が完成したあと、その映画を観たヨハネ・パウロ二世が被爆者、なかでも片岡に会いたいと語ったことを伝えられて、ローマを訪れたのである。それにしても当時のマクガバンとスサンは、自分たちが撮影した醜い被写体の一人が、それから三十年後に、まさかローマ法王に面会することになろうとは想像だにしなかっただろう。片岡のなかには、「法王さまにお目にかかれたことは、原爆に遭って以来、生きている幸せを初めて感じたときでした」という思い出があったのだ。

　そう話してから、一九四五年八月九日の悲惨な物語を、いきなり早口で熱っぽく語りはじめた。当時の片岡は、ほかの十代の若者たちとはちがって甘やかされて育った若い女性で、自分は美人だと思っていて、きれいな着物を着て未来に大きな希望を夢見ていた。あの日、浦上川の近くで原爆による爆風で意識を失い、手と顔にひどいやけどを負って、喀血しながら自宅にたどり着くと、倒壊した自宅の下から這い出していた母親と出会った。母親は片岡の手を引いて街の高台へ駆け登り、周囲の人に向けて、娘を聖フランシスコ病院へ連れていってほしいと頼んだのだが、病院まで避難するあいだの周囲の状況は、まさに「生き地獄」だった。そして、一ヶ月のあいだ意識を失ったり回復したりをくりかえし、やけどの傷口にウジがわいたまま、「生と死のあいだをさまよっていた」が、「だれもがそうだった」という。

三ヶ月ほど経って、ようやく歩けるようになり、廃墟になった浦上聖堂へ行ってみた。瓦礫のなかを歩きまわっていると、小さな鏡を見つけたので、その鏡で、被爆して初めて自分の顔を見てみた。「鏡のなかに化け物が映っていました。そのとき、姉と一緒に原爆で死ねばよかったと思いました」と片岡は語った。

それからまもなくして、マクガバンとスサンが病院で片岡を撮影し、恨みを込めた眼差しを映像として後世に残すことになったのだが、片岡の語る、そのあとの話は、さらに悲惨な体験だった。数えきれないほどの病気にかかって、何度も手術を受けながら、結核病棟で苦しい想いをしながら働いたりして、できる仕事はなんでもやった。そんななか一九八一年にローマ法王が長崎を訪れたとき、長崎に原爆を投下することを命じたのは神の意志ではないと法王が語ったことばを聞いた。「それまでは被爆者だということをひどく恥じていて、社会の片隅に身を潜めたまま何もせず暮らしていました。それが、法王さまのおことばを聞いてからは、平和のために活動しようと心に決めたんです」

一九八二年に岩倉が制作した『にんげんをかえせ』と『予言』という二本の映画が世に出たあと、イタリアでローマ法王に面会し、そのあと、カンヌを含めた四つの都市で映画の上映をするのに同行してフランスまで足をのばし、上映の前に自分の被爆体験を視聴者に語った。そして、一九八三年には長崎を訪れたスサンに再会したのである。このような経緯から、二日後の八月九日に予定される記念式典で、被爆者のなかから選ばれて話をすることになった理由が納得できた。片岡は、長年にわたって「自分のなかに溜まった怒り」を抱いたまま、記念式典で話をする役目を真剣な気持ちで引き受けた。そして、一三人の身内を含む原爆の犠牲者たちは、「無駄死をし、意味もなく死んでいった」のであり、日本政府はわが国が戦争をはじめたことに謝罪さえしようとしないし、このような国の姿勢は、将来、核戦争を起こすことになるだけだと語った。

わたしたちが辞去するとき、片岡はわたしに、「あなたたちとお会いできたことで、平和を求め、この世から悪魔のような核兵器がすべてなくなることを願う想いをあらためて誓ったと、ハーバート・スサンさんにお伝えくださいといった。

***

長崎でつぎに会った被爆者の物語は、その話が事実だとすれば、あまりにも悲惨な内容だったが、それは本当の話だった。このたびの戦争では二発の原爆が使用されたが、長崎で暮らす平田研之(けんし)という小柄で悲しそうな表情のその人物は、その原爆を二度も経験したのである。

一九四五年八月六日に広島に原爆が投下されたとき、平田は、爆心地から五キロメートルほどのところにあった三菱重工業の造船所で仕事をしていた。ひどい怪我は負わなかったので、二日間ほど広島の中心地を歩きまわったあと、八日に故郷の長崎に向かう被爆後初めてとなる列車に乗車した。列車が翌朝の午前十時三十分に長崎に到着して、駅から歩いて三〇分のところにある自宅に帰ると、平田を見た母親は無事をよろこんだ。それというのも、広島に新型爆弾が投下されたと聞いていたからだ。帰宅したあと、興奮した調子で、三日前に広島の上空にこの世のものと思えないような真っ白な閃光を見た、と母親に語っていたちょうどそのとき、またしても目の前の窓から三キロメートルあまり向こうに同じ閃光を目にした。原爆の影響については、この世でだれよりもよく知っている一人として、そのとき平田が家にいたことはさいわいだった。いきなり母親の手をつかむと、爆風で窓が吹き飛ぶ直前に、一緒にテーブルの下に飛び込んだのだ。

そのあと粉々になった窓ガラスを片づけながら、「この真っ白な閃光を発する爆弾は、自分のあとを一歩ずつ追いかけてきたにちがいない」と思った。その日は自宅から外に出ることはせず、爆心地のあたりを歩きまわることはしなかったが、上空で閃光を発し、三キロメートルもはなれた家の窓を吹き飛ばす新型兵器がどんなものかを十分に知っていたので、数週間は自宅から一歩も外に出なかったという。そして、「あんな悲惨な、むごたらしい光景を二度と見たくなかったんです」と語った。

　無慈悲なこの体験を、ありがたいと思わなければならないのかどうか。二度の不運に見舞われたのか？　それとも、二度の幸運に恵まれたのか？　三日のあいだに二度も原爆を経験して生きのび、その後も健康な人生を送っている人間が、二重の不運を味わったと考えるべきなのか？　それとも、二重の幸運に恵まれたと考えるべきなのか？　「二度も原爆を経験したことを、ひどく恥ずかしいことだと感じていました。自慢できるものなんて何もありませんよ。二度も原爆を経験した人なんて、ほかにいませんでしたからね。こんな体験は、だれにも話すことはできませんでした。ですから、同情してくれる人なんて一人もいませんでした」平田はそういって、この話を最近まで明かさなかった理由を説明した。

＊＊＊

　主催者からは事前に、八月九日の長崎では八月六日の広島の早朝のような行動を取る必要はないと伝えられた。広島のときのように夜明け前から平和公園に集まる被爆者はほとんどいないし、人々は午前九時ころに集まってきてから、広島の式典のようになるということだった。一方、この時刻になると毎年、爆心地から約六〇〇メートルのところにある三階建ての山里小学校（一八七〇年創立）に生徒たちが集まる。その小学校を訪れたわたしたち一行は、校庭のところで生徒たちが、白いシャツかブラウスの上衣に黒の短パンをきちんと身につけ、女子は黄色い日よけ帽を被って並んでいるのを眺めていた。生徒たちは折りたたみの椅子にかけていて、最前列の子供たちは膝の上に折り鶴を抱えている。この小学校は、原爆によって壊滅状態となったが、仮設の救護所として負傷者の処置をおこなったことでも知られていて、マクガバンとスサンが、この小学校で撮影をしたときから数ヶ月のちまでは救護所として使用されていたそうだ。

校庭の片隅にある遊び場の雲梯がある中央で、校長が生徒たちに向けて、「あの日、この学校に生徒たちは登校していませんでしたが、そのために生徒たちが助かったわけではありませんでした。みなさんの先輩にあたる一三〇〇人の生徒たちは、あの日、みんな原爆で亡くなったのです。現在、在校生は七八〇人です。みなさんの周囲を見わたしてみて、みなさんのお兄さんやお姉さんたちが五〇〇人ほど、みなさんたちに加わった数ほどの生徒たちが、ここで亡くなった様子を想像してみてください」と語った。わたしの娘も、ちょうど小学校を出たばかりだったので、それを聞いて涙があふれた。あの日、この学校の生徒たちが亡くなった数が一〇〇〇人以上ということを知って、長崎で亡くなった日本軍の将兵の犠牲者数が二〇〇人あまりという数字が見劣りするような気さえした。なお、この学校では四二人の教職員のうち二八人が犠牲になっている。

校長はそう語ってから生徒たちに、今は平和な時代だと思っているかもしれないが、あの日に生徒やその両親たちの命をうばった原爆より何倍も威力のある核兵器が今では世界中に何千発も存在していると語り、「この学校は、世界中の学校のなかで、もっとも多くの生徒が犠牲になった学校なのです。ですから、みなさんは、核兵器は二度と使ってはならないと訴えなければなりません」と述べた。そのあと生徒たちは、汗ばむような暑さのなかを、校内にある犠牲者を弔う慰霊碑に冷たい水を注いで弔った。

一方、平和公園では、シュワルツェネッガーのような彫像の前でおこなわれた公式の式典行事が、広島のときほど感動的ではなかったにせよ、やはり関心をひいた。ひどい暑さのなかで、参列者は広島よりもずっと少なかったが、参列者の後方では、反戦活動家たちがデモをおこなっている。式典では、片岡ツヨが参列者に向けて話をはじめ、完全な核廃絶を力強く訴えて、被爆者たちに向けて、「家にもどったら平和のために活動する」よう語った。長崎でこのような様子を見るかぎり、今までは原爆に対して熱意が乏しいように思われたこの街が、実際は広島よりむしろ戦闘的な活動をしている印象があり、原爆のことでは広島よりも関心が低いのだからという言い分けは、もうできなくなっているのだ。

＊＊＊

長崎市長の本島等（もとしまひとし）は、みずからは被爆者ではなかったが、長崎の被爆問題と深くかかわることになった。本島は一九四五年十月に復員して長崎にもどったが、長崎に投下された原爆の悲劇がいつも見過ごされることに深い悲しみを覚えて、一瞬にして何万人もの生命をうばった、原爆の最後の目標地になったことを永遠に残さなければならないという意味から、広島ではなく長崎こそが原爆の象徴となるべきだと訴えた。

本島は、アメリカが原爆投下を決断したことについて研究している地元の人たちと同じように、広島ではそれほど体験されないような異質の苦しみを感じている。その苦しみについて本島は、「アメリカが広島に原爆を投下する目的は戦争を終わらせるためでしたが、長崎の場合は広島とはちがって、原爆を投下した目的は、あくまでもプルトニウム爆弾の効果を試してみることだったのです」と述べている。たしかに、広島に投下されたウラン爆弾は、かならず成功すると考えられて最初に使用されたのだが、成功するかどうか不明だったプルトニウム爆弾は今後に計画されていた原爆であり、ウラン爆弾に比べると、製造コストが低く、製造にかかる時間も短く、おまけに威力が大きかった。長崎に原爆を投下したおもな理由が、「試してみる」ことだったことを証明する確固たる証拠は今のところないが、初めのウラン爆弾よりさらに威力の大きい二発目の原爆をアメリカは、圧倒的多数の意見に押されて深く考慮しないまま、成り行き任せで使用したのではないかという疑問（とくにわたしが長崎を訪れているあいだにそう感じた）は残っている。

ニュルンベルク裁判で主席検事を務めたテルフォード・テイラーは、「広島に原爆を投下したことが正しかったか誤っていたかを議論することはできるが、長崎の原爆については、正しかったことだと、まことしやかに主張する意見を耳にしたことがない」といって、長崎の原爆を戦争犯罪とみなした。またカート・ヴォネガット・ジュニアは、ドレスデンの焼夷弾爆撃をみずからも被災者として体験しており、テイラーとほとんど同じ意見をもっていて、「わが国が、人間を奴隷にしてつぎにおこなった、もっとも人種差別的で汚らわしい行為は、長崎に原爆を投下したことである。軍事的に重要と考えて投下した広島の原爆とはちがって、長崎の原爆は、単に黄色人種の男女や子供を叩きのめしただけなのだ。わたしは自分が科学者でなかったことをさいわいだと思っている。科学者だったら、今ごろは、まちがいなく罪の意識に苛まれていたからだ」と語っている。

長崎に原爆を投下したことが非難されているおもな理由として、初めての原爆が広島で成功したあと、日本に対して数日間の猶予をあたえて降伏を促し、つぎの都市を壊滅させる二発目の原爆を投下する前に、なぜトルーマン大統領が介入して長崎への原爆投下を止めなかったのかということがあげられる。しかも、事前に取り決められていたとおり同盟国のソ連が参戦すれば、広島に投下された原爆と同じくらい日本が忌み嫌っていたソ連のため、まもなく日本は降伏する（ソ連が参戦したとき、トルーマンは日記に「これでジャップもおしまいだ」と記している）ことをアメリカは知っていたのである。ただ、もしソ連が参戦すれば、それまで日本が占領していたアジアの諸地域を、ソ連が領有することを要求してくるという代償をアメリカは払うことになるかもしれなかったから、ソ連が日本に侵攻する前に長崎に原爆を投下して早く戦争を終わらせ、アメリカが有利な立場に立つ必要があったこともたしかである。このような背景があったため、歴史学者のなかには、長崎に投下した原爆は、第二次世界大戦での最後の一発ではなく、冷戦における最初の一撃だったと述べる人までいる。

ここに述べたことが本当かどうかはともかく、二発目の原爆を投下するよう命じた大統領の命令書は残されていない。ただ、一九四五年七月二日の命令書によると、保有している原爆は「用意ができ次第ただちに」使用されることになっていて、広島に投下して三日以内には、すでに二発目の原爆を投下する用意ができていたため、長崎はオートメーション化された核戦争の初めてで唯一の犠牲になったともいえる。

さらに皮肉なことに、長崎は当初は原爆投下の目標ではなかった。陸軍長官のヘンリー・スティムソンが当初の目標だった京都に原爆を投下することに反対したため、あとで追加された都市だったのである。スティムソンは戦前に京都を訪れたことがあって、日本の文化の中心地を原爆で破壊すると、日本の国民はずっとのちまでアメリカに対して敵意を抱きつづけると考えたのだ。結局、このような経緯によって、ある都市の数万人が命拾いをし、別の都市の数万人が死の標的になったのである。

　レズリー・グローヴス少将は、長崎に原爆を投下したあと日本が降伏を申し出たことを知ると、原爆の「ワンツーパンチ」が効いたことを確信したが、二発目の原爆が予定していた目標をはずれて炸裂したため、「思っていたより犠牲者の数が少なかった」ことを知って、気をよくしていた。しかし、歴史学者のマーティン・シャーウィンが述べているように、「ワシントンの政府が原爆の投下計画をもっと綿密に検討していたら、長崎が壊滅することは避けられたはずだ」とも考えられる。いずれにせよトルーマンや側近たちは、二発目の原爆を投下することについては、まったく気に留めなかったというか、慈悲心をもつことに関心を払わなかったのだ。とはいえトルーマンは、長崎の惨状を聞くとただちに、それ以降は自分の許可なくして、さらなる原爆を投下しないよう命じ、日本が納得のいく形で降伏に応じる機会をあたえて、さらにもう一発の原爆で七万人の人命が失われることがないよう考えていたのである。

　ロスアラモスの科学者たちは、広島に原爆が投下されたことを知ると、自分たちの努力が報われたことに総じて満足の意を表明していたが、長崎に原爆が投下されると、多くの科学者たちが取り乱して、「気分が悪くなった」とか「吐き気がした」などという者もいた。原爆を製造する科学者たちの責任者だったＪ・ロバート・オッペンハイマーは、「広島と長崎の原爆で生き残った人たちは、死んだ人たちのことを羨ましく思っているのではないだろうか」とはっきり述べていて、そのことばは結局のところ、スサンをはじめとするほかの人たちが問いかけていたことでもあった。

日本に原爆が投下されて何ヶ月か、あるいは何年かが過ぎると、都市をまるごと壊滅させることを目的とする原爆を投下したことを、道徳上の悪だと非難するアメリカ人はほとんどいなくなった。ただ、長崎に原爆が投下されて数時間後、原爆に対する罪悪感がまだ芽生えることのない時期に、何人かの勇気ある人たちが、この問題をはっきりと理解していた。革新系の作家ドワイト・マクドナルドは、「アメリカは、自分でもよくわかっていない生かじりの毒薬を、民間人にばらまくような野蛮な国に堕してしまった」と述べ、マクドナルドの論敵だった保守系のコラムニストで雑誌『USニューズ&レポート』の編集者デヴィッド・ローレンスまでも、「いわゆる文明国の立場にありながら」、戦争中に何十万人もの民間人を一度に殺戮する爆弾を投下したことを強く非難し、「どれほど勝利に浮かれていようとも、まもなくすると、わたしたちのあいだに強まる罪悪感を拭い去ることはできなくなるだろう。わが国のように良心の呵責や規範をもっていない、ほかの国々に対して、アメリカはなんという未来への先例を残したことだろう！　疑いなく、わたしたちは、自分たちがおこなったことを自慢することなどできない。自分たちの内面を正直に述べるとすれば、恥じ入っているのだ」と語っている。

＊＊＊

長崎の滞在がいよいよ最終日になってようやく、わたしたち一行が面会したかった谷口稜曄（少年のとき原爆で背中に大やけどを負った人物）にインタビューすることができた。原爆による野蛮な行為と、そのなかを生き抜いた意志の強さの象徴として、健康だったとはいえないにしても、これまで谷口が生きてきたことは奇跡的なことだった。多くの意味で、谷口は歩きまわる幽霊だ。いつも死につけ狙われ、死ぬことを運命づけられ、死んだものと諦めながらも、夫として父親として生きつづけ、今でも郵便局に勤め、煙草を吸い、冗談をいいながら、長崎国際文化会館のなかにある厳かな雰囲気の原爆資料館の会議室に座っている。

痩せて体の弱そうな谷口は、風邪のせいなのか、肋骨が折れそうなほど、ひどく咳き込んでいたが、それでもしっかりした態度で、被爆者らしく見せまいとしていた。背中に傷痕（袖の短いサファリシャツの下からのぞいて見える）があったが、背筋をまっすぐにして足を組んで肘掛け椅子に座っている。わたしは単刀直入に、長崎の大村海軍病院に収容されていた谷口のところに撮影に来た、アメリカ軍の撮影チームのことについて尋ねた。

谷口は、一九七五年に「アメリカ軍の資料から返還された」写真の展示会場で、あのぞっとするような写真を初めて見たとき、すぐに自分だとわかったといってから、「あの写真を見ていると、苦痛がよみがえってきました。当時の苦痛があらためて思い出されたんです」と語った。

あの写真展に展示された写真の被爆者の多くは、のちに岩倉が出版する本に自分の写真が掲載されることを拒んだ。何十年も原爆が自分の体にあたえた記憶を忘れようとしていた被爆者もいたし、友人や家族に傷痕（身体的にも精神的にも）を隠しつづけてきた被爆者もいたからだ。谷口も思い悩んだが、結局、「広島と長崎の惨状をくりかえしてはならないためにも、戦争を煽り立てて核兵器を製造する人たちは、あの写真を見るべきなんだ。日本を含めた世界中の為政者と科学者は、このような核兵器を製造してはならない。この人たちに、そう強く訴えなければならない」と心に決めたという。

そして、病院で撮影を担当したアメリカ軍の兵士の一人一人のことは思い出せないが、驚いたことに、撮影用のライトを点けられたときは、ありがたいと思ったと語り、そのときは冬で病室は寒く、裸のまま寝かせられていたからだと説明したので、この話を、わたしはスサンに伝えなければならないと思った。なぜかというと以前にスサンは、あのとき「写真を撮るためライトを点けたとき、ライトの熱で痛みがひどくなるのではないかと、怖くてぞっとしました」と語っていたからだ。

たとえば映画俳優が、ドラッグをやめたとか、厄介な離婚騒動を片づけたとかいうときの「命拾いをした」ということばが無意味に乱用されている今の時代に、谷口は、文字どおり「命拾いをした」人間なのだ。とはいえ、どのように命拾いをしたのか？　原爆が炸裂したとき、爆心地から一・六キロメートルのあたりで郵便物を配達しているところだった。突然、工場の屋根を吹き飛ばすほどの爆風によって、乗っていた自転車から吹き飛ばされた。気がつくと、周囲の建物がすべて倒壊していて、目の前の道で遊んでいた子供たちが黒焦げの丸太のようになっている。自分の左腕から、溶けたようになった皮膚が、ぼろ切れのように垂れ下がっている。背中がべとつく感じがして、表面から黒っぽい油のような液体が指先まで流れてきた。そんな姿のまま近くにあった丘の方へ、よろめきながら歩いて行った。

二日後に救護所まで避難して、それから二十一ヶ月ものあいだ、うつ伏せのまま過ごす苦難がはじまった。数週間後に救護所から大村海軍病院へ移されたとき、それまで寝ていた寝台が腐っていたそうだが、それは放射能の影響が何かしらあったのだろうか？

大村海軍病院へ移されて三ヶ月経つと、黒焦げになっていた背中の皮膚が剝がれてきて、その下から真紅の肉が姿を見せはじめた。「層になった黒焦げの皮膚が、寝ている横の床の上にあふれ落ちて、背中の腐った肉を拭い取ってもらわねばなりませんでした。それを、どう表現したらいいか、むずかしいですね。ピザの上にのったチーズを想像してもらったらいいでしょうか」谷口は無感動にそういうと、もう一本煙草に火を点けた。毎日、背中にガーゼを当てられても、浸出液のため、ガーゼはすぐに役立たなくなったという。「一度、傷口にウジがわきました。あのときの悪臭は、今でも頭にこびりついていて、はなれません」

うつ伏せになったまま顎をのせている枕は、食事をするときだけはずされたが、うつ伏せのまま食べようとすると、息を止めたり吐いたりしなければならなかったから、しっかり食べることはできなかった。家族は、何度も葬式の用意をし、医師や看護婦たちが、時間の問題だからまもなく死ぬだろうと話し合っているのを耳にしたという。しかし時が過ぎても、うつ伏せで横たわったままの状態がつづき、そのうち背中のガーゼも取れるようになり、苦痛はあったものの、生きのびることができたのである。

谷口の、この苦難に満ちた体験を想像しながら、わたしなりに考えてみた。身動きもできないまま過ごした二十一ヶ月のあいだ、どんなことを考えていたのだろうか？　住んでいた街は半ば破壊され、日本は戦争に負け、天皇の地位が地に落ちたなかで、アメリカ軍の兵士たちがやって来て、屈辱的な自分の体を好き勝手に撮影したと考えたのだろうか？　そんなことを谷口は説明することはできないだろうし、説明するつもりもなかったが、「ただ、これといった考えはありませんでした」といった。そして、心のなかでアメリカを非難することはあまりなかったが、はっきりと覚えているのは、毎日のように「殺してください、殺してください」と医師たちに向けて訴えつづけたことだったという。もちろん医師たちは、そんな状況のなかで死ぬことを手助けするつもりはなかった。その話をわたしたちが疑っているとでも思ったのか、「本当に殺してほしかったんですよ。胸のところが押しつぶされたままで、本当に苦しかったんです。四六時中、死にあらがうことしかできなかったんです」といった。

そういったあと、苦しい闘病生活のあいだに考えていたらしいことを、少しばかり打ち明けてくれた。「這い這いができる赤ちゃんや、這うこともできない人のことを想像してみてください。わたしは、這い這いもできない赤ちゃんだったんです」

二十一ヶ月のあいだ、うつ伏せになったまま過ごしたあと、ようやく立ち上がることができるようになったが、それからさらに二年間は、まだ退院できなかった。そのうち、自分の左腕と背中の醜い傷痕を世間の人たちがどう思うだろうかと気になってきた。「そのことを考えると、戦争や、戦争に反対しなかった人たちが憎かったし、原爆が憎いと思いました。戦争をやめようとしなかった自分の両親や、すべての親たちまで憎く感じました」。一九四九年三月二十日にやっと退院できて、数日して職場に復帰したところ、被爆する前まで勤めていた郵便局では、生きのびることができそうになかった少年のため、以前の職場の籍を空けてくれていたという。

多くの被爆者と同じように谷口も、自分の傷痕を世間から隠そうとしていて、夏でも長袖のシャツを着ていた。一九六二年になってようやく、砂浜でシャツを脱いで泳ぐようになった。結婚もしたかったが、結婚したあとのことがどうなるか自信がもてなかった。家族は、日本の伝統にしたがって見合いをさせたが、いったん縁談がまとまっても、あとですべて破談になった。「当たり前なことですが、だれでも、ふつうの人と結婚したいし、寿命がわからないような男と結婚しようと思う女の人はいませんからね」谷口はそっけなくいった。

ようやく一人の女性が結婚に同意してくれた。自分の傷痕のことを相手は知っていると聞かされていたので、新婚旅行の初夜に、浴室で背中を流してくれるよう頼んだ。新婦が自分を信頼しているかどうかを試す機会だった。谷口の背中を見た新婦は泣きはじめ、新婚旅行のあいだ、ずっと泣きつづけた。二人が連れ立って長崎にもどると、谷口の家族は、二人が一緒に帰ってくることを当てにしていなかったといった。新婦は、傷痕は顔だけだと聞かされていたので、だまされたと感じていたが、新妻になったその女性は、谷口を見捨てなかった。そして、自分はこの人の世話をするよう運命づけられていることに気づいたといった。

それからも体調不良はずっとつづき、一九七〇年代半ばになると、背中に説明のつかない再発をくりかえす奇妙な盛り上がりができた。医師たちは腫瘍ではないと考えたが、どういうことなのか見当がつかなかった。背中の盛り上がりが大きくなると体が衰弱し、針金が絡みついたような固い塊は、メスでは切除することができなかった（ずっと以前に必要がなくなっていた多量のガーゼのことを、またしても考えないわけにはいかなかったそうだ）。医師たちは、背中の大きな塊をどうにか切り取ったが、何年か経つと、塊はふたたび成長した。「ふつうの人なら放射線療法を受けることができますが、わたしの場合は、その治療を受けることはできなかったんです」と谷口はいった。

　このときまで谷口は、ほとんど一時間のあいだずっと冷静な態度を保って話をしていたが、ほんの一瞬、涙ぐんだ。その瞬間、耐えがたいことを耐えつづけてきながら、さらに耐えることが果てしなくつづくと感じたのだろう。

　谷口は、今では政治活動をすることで自分の苦痛を忘れようとしている。「政治は政治家に任せておけばいいという人もいますが、よい政治をしようと思えば、市民も参加する必要があります。わたしたちが戦争で苦しい体験をしたのは政治のせいだからです」と語った。そのため、労働組合の活動家で、被団協のリーダーでもあり、被爆者援護法を求めて国会で証言もし、「戦争をはじめたのが日本の政府である以上、政府が被爆者本人と家族を救済する方策を探るべきなんです」といった。

　被爆者のなかには、核兵器の廃絶をさまざまな形で訴えている人たちがいるが、なかには時事問題に精通していない人もいる。それに、ナチの強制収容所から生きのびた生存者と同じように被爆者たちも、過去の苦難に拘りつづけている（それにしても、なんという過去を体験したことか）と非難されている。しかし、谷口はトマホークの配備に反対する活動に取り組んでいたし、核兵器と放射性廃棄物にかんする問題にも精通していた。「わたしは原発には反対です。原発の放射性廃棄物に含まれているプルトニウムは、長崎に投下された原爆の原料だからです」

　わたしが谷口に向けて穏やかな調子で、これは興味本位ではなく政治的な意味合いをもつことだと強調して正直に頼んだら、おそらくシャツを脱いで、自分の背中が今どんなになっているかを写真に撮らせてくれて、世界中の人たちに見せることを許してくれると思ったけれど、簡単に口にできる頼みごとではない。谷口の背中を見せてもらうことは、ある意味では、ずっと昔に写真に撮られた少年の映像を目にすることでもあるのだが、別の意味では、今では成人したその人に、核の時代の不気味な体として、一面に傷痕が残る半裸の体で目の前に立ってほしいと頼むことでもあるのだ。一九四六年のときは、谷口に選択の余地はなかった。スサンやほかのアメリカ人たちがカメラを手にやって来て、体が弱って裸体を隠すこともできずに横たわっている自分を撮影したからだ。それを今、別のアメリカ人が、生きのびることができないと思われていたのに、今では自尊心のある大人になった同じ人間の写真を撮らせてほしいと頼もうとしているのである。

　谷口は結局、よろこんでというわけではなかったにせよ、背中の写真を撮らせることに気楽に応じてくれたが、その前に伝えておきたいことがあるといった。「わたしは世界中の人たちのために、原爆が何をしたのかを知ってもらうことと、原爆が人体へおよぼした影響を取り除くには、医学的な知識だけでは無理だということを知ってもらいたいんです。わたしの話はありふれたものですが、話の内容を歪曲しないで、真実だけを報告してもらいたいんです。すべての核兵器が廃絶されて、この地球上で人々が人間らしく暮らせることを願うばかりなんです」

　最後のことばは、わたしが初めてインタビューをしたときにスサンが語ったことばと、ほぼ一致するものだった。

　それだけいうと、立ち上がって、会議室の照明が乏しい部屋の隅に歩いて行き、サファリシャツのボタンを無造作にはずして椅子に置くと、棕櫚の木が点在する長崎の街が見わたせる窓のそばの壁の方を向いて、当時と同じようにアメリカ人のもってきたカメラの方に今一度、背中を見せた。その姿は美しい光景ではなかったが、心をうばわれる光景だった。この資料館では、原爆によって溶けた瓶や黒焦げになった屋根瓦を見てきたが、今わたしたちは、原爆によるそれらの遺物の象徴ともいえる一人の人間の背中を目にしている。この背中は、一九四五年八月九日、プルトニウム爆弾の閃光を偶然にも浴びて、ほかのすべての物体のように高熱で焼かれ、放射線を照射されたのだ。ただ、ほかの物体と人間がちがうのは、人間は体の肉を焼かれて苦痛を感じ、そのときのことを思い出すことができるということなのだ。

　おそらく、この日のことは、今回の日本訪問をつうじて学んだ最大の教訓だった。そして、スサンが苦闘しながら何を伝えようとしていたのか、そして広島と長崎で撮影されたフィルムが、なぜあれほど長いあいだ隠蔽されつづけたのかを知ることになった。たとえ戦争中であろうと、谷口のような個人であれ、広島と長崎で亡くなった二〇万人の集団であれ、民間人を単なる「物」としてあつかってはならないのである。谷口やスサンが訴えてきたように、このことが人類と核兵器が地球上で共存できない理由なのだ。

そして、今わたしが述べたことが、谷口の背中から、はっきり読み取ることができる。背中の皮膚は、さまざまな方向に引きつったようになっていて、肉片のパッチワークのように二つと同じ部分はない。その表面は、黄褐色のところがあったり茶色や淡黄色のような部分もあって、太鼓に張り付けた動物の皮のようだ。原爆によって作られた、この入れ墨をじっと見つめていると、「これが人間のなし得ることなのだ」ということを読み取ることができるかもしれない。

かつて爆心地から一・六キロメートルのところで自転車に乗った少年を吹き飛ばし、信じられないほどのやけどを負わせる爆風と熱線を照射したプルトニウム爆弾が炸裂した、ほぼ真下にあるこの場所で、谷口は上半身を裸にして黙って立ったまま、今ではにぎわいを見せる長崎の街の一角を窓から眺めているが、その街も、それほど過去のことではないある日、すべての生命が存在することをやめたのだ。それでも、谷口は生き残った。背筋をのばし、顔をあげて生きている。むごたらしい戦争が終わったあと、この街でかつてスサンがやったように今、アメリカ人の撮るカメラのシャッター音が響いた。

五　原爆がおよぼした影響

帰国したわたしは、このたびの日本旅行について、ニューヨーク・タイムズやワシントン・ポストをはじめとする国内の雑誌と大手の新聞社に、原爆四十周年を前にした記事を十二本ほど書いた。そして雑誌マザー・ジョーンズに掲載する記事のため、エノラ・ゲイのパイロットだったポール・ティベッツに電話でインタビューをした。ティベッツは、原爆によって多数の日本人が「眼下で焼け死んだ」ことは認めたが、自分は後悔していないといった。

そして、オハイオ州にあるエグゼクティブ・ジェット・アビエーションの自分のオフィスから電話で、「あのことについては、なんの感慨もありません。わたしにかんしていえば、あれは個人的な問題ではなかったから、自分には関係ないことだし、いずれにせよ、わたしが道徳的な立場から決めたことではなかったんですからね。わたしは、ほかの連中と同じように、夜は安眠できると君に断言できますよ」と語った。

そのころまでに、マクガバン&スサンが撮影したフィルムが何本かのドキュメンタリー映画に使われるようになっていたが、一九八五年九月二日、スサンが六十四歳で亡くなった。死因は、広島と長崎に数週間滞在していたことによる悪性腫瘍だった。マンハッタンでおこなわれたスサンの葬儀の席でわたしは初めて、スサンの息子と娘に会った。遺族の二人は、献花の返礼として、広島平和記念資料館へ遺品を寄贈してくれるよう友人たちに頼んでいた。生前のスサンは、自分の撮影したフィルムを最後まで手にすることはできなかったし、長年の夢だった壮大なドキュメンタリー映画を制作することもできなかった。スサンが子供たちに託した最後の願いは、自分の遺灰を広島の爆心地に散骨してもらいたいということだったが、実現したのだろうか。

翌年の一九八六年、谷口稜曄が被団協の代表としてアメリカを訪問した。レーガンとゴルバチョフの両者が核兵器の廃絶という驚くような提唱をしたことをきっかけに、ワシントンDCで、クエーカー教徒、大学生、国務省の日本担当のチャールズ・コーエンらと面会して、核軍縮について話し合い、コーエンには、核廃絶について自分が行動を起こして、広島と長崎で首脳会談を計画したいと提案するレーガン大統領宛の書簡を手渡した。

その夜わたしたちは、コネチカット・アベニューにある寿司店で、地元の二〇人あまりの平和活動家たちのための夕食会と『予言』の上映会に谷口を招待したので、その前に通訳を交えて話し合う機会をもうけた。谷口は、グレーのスーツ姿で、日焼けして元気そうに見えたが、痛みでもあるのか、何度も顔をしかめて咳き込んだ。ちょっとショックだったのは、立てつづけに煙草を吸うことで、残り少なくなると、助手の女の子に煙草を買ってくるよう頼んでいたが、女の子が買ってくると、「一箱じゃなくカートンで買ってくるよう頼んだつもりだったんですがね」と笑いながらいった。原爆では生き残ったのに、煙草が燃えつきる時間より、いったいどれほど長く生きようとするつもりなのだろうか？

この年の初めに郵便局を退職していたが、生憎というか、一九四五年に自分自身と自分の街で何があったかを考える時間がむしろ増えていた。前年の原爆四十周年を報道機関が大々的に取材をしたのに、やっぱり長崎は軽く取り扱われたため、谷口をはじめとする長崎の被爆者たちは、長崎のことをもっと海外へ向けて発信する必要性を感じていたからである。そして、ソ連で起きたチェルノブイリの悲惨な原発事故をきっかけに、原爆のように「人間が実際には制御できない」原子力に日本が依存していることに、あらためて反対を表明していた。

健康を取りもどしながらも、浮かない表情で、先日また背中の手術を受けたといった。背中の傷痕に癌細胞が見つかり、今後の経過が不明だということだった。プルトニウム爆弾は四十一年経った今でも、まだ谷口を苦しめているのだ。それでも尚のこと、ワシントンを訪れて、「一般市民と同じく権力を握った人たちの人間性」に訴える決意をいっそう固めたという。国務省でのコーエンの考えが核抑止政策と核兵器の先制使用を擁護する立場だったことには不満だったが、自分のメッセージをアメリカの国民に伝えることができるという希望は捨てていなかった。

そして、スサンが長崎を訪れて再会した話をするときには明るい様子になった。病院でスサンから撮影されたことには少しも不満をもらさず、長崎で起きたことを「証拠」として記録に残してくれたことを心から感謝していて、一九四六年に病院で過ごした苦痛の日々は大変だったが、撮影されたことは別に気にならなかったし、自分はただ、戦争をはじめた日本の指導者たちを非難しているだけだといって、スサンが亡くなるまで二人は音信をつうじていたという。

夕食がすむと、『予言』の上映に先立って、谷口は出席者に向けて話をはじめた。一同を前に、直立して威厳を保ちながらも穏やかな話しぶりだった。自分の被爆体験を手短に話してから、「ときには、あんまり苦しくて、もう生きていけそうにないと思うことがあります。友人の被爆者のなかには、こんな苦しみのなかで生きていくことはできないといって自殺した者もいました。でも今では、こうして生きていくことは自分のためではなく、ほかの人たちのためなんだと思っています。わたしのような人間が二度とあらわれないよう、いかなる戦争も核兵器もなくさなければなりません。この映画をご覧になれば、そのことが、おわかりになると思います」と語った。

部屋の照明が暗くなって、日本人の撮影した白黒フィルムと、マクガバンの撮影チームが撮影したカラーフィルムが交じり合った映画の上映がはじまった。谷口は、暗いなかで煙草を吸いながら映画を観ていて、落ちついた様子で退屈そうだった（今まで何度も観ていたはずなので）が、長崎に投下された原爆の火球がアメリカ軍の飛行機から撮影された場面が映し出されると、ちょっとひるんだ様子になって、片方の目の涙をぬぐっているようだった。そして、原爆が投下されたあとの長崎の街が映し出されると、左手に顎をのせてじっと見つめたまま、ナレーターが、「さいわいなことに、死は早めに訪れたのです」と語っているとき、何度もお茶を飲みながら、鼻をすすった。ナレーターが語るように、谷口も、原爆が投下された日に自分は死ねばよかったと思っていたのだろうか？　生きのびて仕事にもどり、結婚し、父親となり、孫までできながら、それでも死ねばよかったと願ったのだろうか？

　谷口少年の顔と、むごたらしいやけどを負った背中が映し出されると、ナレーターは、「原爆を投下されただけでは、まだ足りないかのように、被爆者たちは今、カメラに向かってポーズを取るよう求められているのです」と語っている。谷口は、また鼻をすすって、それからまもなくして、映画は終わった。

　上映会のあと谷口に、映画を観ながら何を考えていたのかと尋ねてみた。「当時の苦痛が全部、よみがえってきました。この映画は残酷すぎるという人がいますが、そういわれると、実際にあんな残酷な目に遭って苦しんだ者の一人としては、侮辱された気持ちになります」。通訳をとおして、そういったので、「この映画は残酷すぎるので、それを引き起こした原因の原爆から目を逸らせようとしているという意味ですか?」と訊くと、そのとおりだというように笑ってうなずいた。

一方、国務省での会談がどんな内容だったのか知りたかったので、それから数日してチャールズ・コーエンに電話をしてみた。コーエンは、谷口と会ったが、意見が噛み合わない会談だったと丁寧に答えてくれた。会談は、「とくに関心のある話題だとは思いませんでした」と語り(それはコーエンが毎日のように被爆者と面会しているからだとわたしは思った)、時間が取れたから会うことに同意しただけだといった。レーガン大統領に宛てた核廃絶の請願書と書簡をコーエンに手渡しながら、「谷口は、これがどういう結果になると思うかと、わたしに尋ねるんですよ」といいながら、ちょっと軽蔑したような笑いをして、「わたしは谷口にいったんです。『これが現実の世界なんですよ。核兵器を保有することは、わが国の政策の機密にかかわる問題なので、核兵器をなくすことなどできるわけがありません』とね。あの人は、現在の状況がどんなものかということが少しもわかっていないんです」と語った。

わたしは、とはいえ一九四五年八月に長崎で起きたことに、谷口がどれほど深くかかわっていたかを考えてほしいといった。「それがどうだというんです? 日本の二つの都市で起きたことは、だれもが知っていますよ」(実際には、最近の世論調査ではそうではないという結果が出ている)とコーエンはいってから、「わが国における核兵器による先制攻撃の方針は、ソ連が先制攻撃をする可能性がある以上、あれこれ議論する余地のないことなんです。核兵器を使いたいと思う人間なんて、いませんからね」と付け加え、「ようするに核抑止政策なんです。その政策によって核戦争が二度と起きないよう防ぐことができると、だれもが考えているんですよ」といった。

＊＊＊

一九九〇年代までにソ連が崩壊して、米ソの核開発競争はいったん棚上げになったけれど、世界中で四万発の核弾頭は残されたままだったし、米ソ以外の新たな国が核兵器の開発に取り組むようになり、中近東の不穏な情勢や、ソ連の核物質の管理が杜撰になったことなどもあって、核兵器の拡散やテロリストによる核攻撃の危険性が高まっていた。

エリック・バーナウは亡くなった。日本人の著名なハリー・三村も亡くなった。スサンの娘レスリーは、父親の遺灰を散骨するため広島へ向かった。日本を訪れたレスリーは、父親が撮影した被爆者たちに会い、それをきっかけに、決心して広島で娘と二人で一年ほど暮らしたので、今では広島を「第二のふるさと」と思うようになっている。広島で、原爆によって片脚を失い、ほかの障害にも苦しんでいた沼田鈴子という女性と出会い、レスリーが父親の写真を見せると、沼田は、自分を撮影した、やさしいアメリカ人の男性だったことを覚えていて、スサンが亡くなる前に広島を訪れたときに再会している。ある日、沼田はレスリーを伴って平和公園にある特別な樹木のところへ行った。沼田が原爆によって片脚を失うという大怪我から回復するころ、病院の窓から樹木が懸命に生きようとしているのを目にして、あの木も自分と同じように生きようとしているのだと思い、その樹木が花をつけたとき、自分も強く生きていこうと心に決めたという。

沼田とレスリーが平和公園に移されたその樹木のところを訪れて以来、沼田は毎年その樹木から種を採って持ち帰っているとレスリーは話してくれて、一九八四年に沼田がスサンと再会したときも、その種をスサンに渡したという。

原爆記念の節目でない年には、よくある現象なのだが、アメリカでは原爆にかんする話題は国民のあいだでもメディアのあいだでも下火になる。ただ一方の日本では、白黒フィルムを使ったニュース映画が新たに制作されていた。

日本で「10フィート運動」を主催した岩倉は、ふたたび役割を担うようになっていて、数年前に岩倉の団体が、一九四六年に日映がニュース映画として制作（ダニエル・マクガバンの監視のもとで）しながら長いあいだ上映を禁止されていた『まぼろし』のフィルムをアメリカの公文書館から入手して、その映画には *The Effects of the Atomic Bomb on Hiroshima and Nagasaki* というタイトルが付けられていた。岩倉は、監督の羽仁進らと一緒に、そのフィルムを使って、初めてとなる日本語の字幕映画として制作するため「10

フィート運動」の活動を再開し、『広島・長崎における原子爆弾の影響』という日本語のタイトルをあらためて付けて、一九九四年に公開した。

こうして長い年月を経たのちに公開された、その歴史的な映画は、どんな映像を映し出していたのだろうか？

ミシガン大学のエイブ・マーク・ノーネスは、日本のニュース映画の歴史にかんする学術論文のなかで、一九四六年と一九四七年のあいだにダニエル・マクガバンが、原爆が人体におよぼす影響を撮影したフィルムが永久に失われることを危ぶんで、フィルムをありのまま保存することをめぐって、アメリカ軍医総監部の医師たちと言い争ったことを明らかにしているが、結局、そのフィルムを使って制作された映画は、被爆者のことは強調しないようにして、「感情を交えずに、学術的な観点から原爆の影響を冷徹に観察した内容となっている」と述べている。そのため、この『広島・長崎における原子爆弾の影響』は、原爆がおよぼした物理的な影響を入念に伝えていて、はじめに広島の街はずれが映し出されたあと、ゆっくりと爆心地に近づいて行きながら、ある部分では、シュトラウス作曲の壮大な交響詩『ツァラトゥストラはかく語りき』が背景で流され、別のところでは、楽しそうなフルート曲や葬送曲が流されたりしている。

ただ映画のなかには何人かの広島の被爆者たちも映し出されていて、ほとんどは若い女性と子供で、原爆症にかかった二人の姉妹、身を寄せ合っている母と子、それからノーネスが述べているように、「口のところがやけどのため、ぱっくりと穴が開いたようになった」少年の様子などが映し出されている。一方、長崎を撮影した映像では、感情に訴える場面（たとえば、浦上聖堂のそばの、泣いているように見えながら、その奥に怒りのこもったような、焼け焦げた彫像のように）が大きくあつかわれているが、それでもノーネスは、「映像の多くは、建物や植物の生存状態ばかりを対象にしていて、結局は、日本人の映画制作者が意図していたことがアメリカの指示によってねじ曲げられているようだ」と述べている。そのため、完成した映画から人間が苦痛にあえぐシーンがほとんど削除されていることについて、日本では今でも議論がつづいているという。

ノーネスは、この映画は非常に重要な意味をもつものとして残されていると結論づけているのだが、その理由は、「この映画は、原爆は人間の意味を問う必要がないことを示そうとする意図があるから重要なのであって、つまり、原爆とはこのようなものであって、それほど恐ろしいものではないということを示そうとしているからだ」と述べている。

＊＊＊

ちょうどそのころ、原爆のフィルムが長いあいだ公開を禁止されていたことにわたしが関心を寄せていたことから、ロバート・ジェイ・リフトンと共著で一冊の本を著すことになった。執筆にあたって、わたしとリフトンが重視したことは、原爆投下の決断にかんすることや被爆者の惨状を述べることではなく、日本に原爆を投下したことに対するアメリカ国内の反響と、その反響の意味に焦点を当てて述べようとしたことで、一九九五年に *Hiroshima in America:Fifty Years of Denial*（邦題『アメリカの中のヒロシマ』）という本として出版された。

当然のことながら、この本では隠蔽されたフィルムの経緯についても述べているが、「隠蔽されていた」別の多くの事例や、広島と長崎の実相を国民から遠ざけようとした、ほかの政治的な事柄についても関心を向けていて、トルーマンが広島を「軍事基地」と呼んだ八月六日の演説にも立ち返ってみた。前にも述べたように、すでに一九四六年には作家のメアリー・マッカーシーは、広島に投下された原爆のことを「人類の歴史の穴に落ち込んだ」出来事と呼び、二年後には、ルイス・マンフォードがトルーマンの演説内容を、「無知を露呈した尊大さでしかない」と述べている。

執筆に先立って、ミズーリ州にあるトルーマン図書館に行って数週間ほど調査をし、原爆の使用を命じたトルーマンの命令書、原爆投下について語った演説、戦略爆撃調査団がホワイトハウスへ提出した報告書の全文を入手した。そして、これらの資料によって、広島と長崎を撮影したフィルムの公開を禁じた、より詳細な背景を知ることができた。その背景には、マクガバンとスサンが撮影したフィルムが一九四六年から一九四七年にかけて封印されたのと同じように、ハリウッドで制作された原爆をテーマにした映画まで含めた映像資料、放射能の影響にかんする報告書、原爆投下の決定にかんする情報が記された資料のすべてを統制しようとする、政府の大がかりな取り組みがあったのだ。

一方、一九四五年八月以降に核兵器をテーマにした十数本の映画が国内外で制作されていたことを知った。核兵器をテーマにしてアメリカで制作された少なくとも一本の映画には、すぐれた作品（*Dr. Strangelove*（邦題『博士の異常な愛情』））があり、ほかに数本の映画（*Fail-Safe*（邦題『未知への飛行』）、*The War Game*（邦題『ウォー・ゲーム』）、*Testament*（邦題『テスタメント』））も考えさせる問題を提起している。ただ一方で、このほかにハリウッドでもっと頻繁に制作された核兵器をテーマにした映画の多くは、核攻撃を受けながら生きのびたり、放射能によって誕生した怪物が登場したり、核戦争による惨状のあとを描いたスリラー映画などだった。

そして、これらの映画で際立っていることは、広島の原爆について直接触れた作品がほとんどないことで、大方の作品が、まったくのフィクションであって、広島と長崎で核兵器が使用された過去の出来事を無視して、近い将来なり遠い将来なりの核攻撃をイメージして制作されたものなのである。なかでも、もっとも印象深かった作品は、一九四七年にＭＧＭで製作された *The Beginning or the End*（邦題『始めか、終りか』）という映画で、制作にあたって、原爆投下について公正に調査された内容や核兵器を脅威とみなすようなシーンをトルーマン大統領みずからが削るよう指示していた作品だった（わたしは、この映画について、数百もの書簡、覚書、メモなどをもとにして、のちの二〇二〇年七月に同じタイトルの *The Beginning or the End* という本を書いた）。

ところで、『アメリカの中のヒロシマ』を仕上げようとしていた一九九五年、ワシントンにあるスミソニアン国立航空宇宙博物館で、広島に原爆を投下したＢ29エノラ・ゲイを一部復元して展示することに端を発した論争に巻き込まれることになった。

博物館の関係者たちは、エノラ・ゲイを展示する際に、原爆投下の決断に至るまでの詳細な経緯と、投下した原爆がもたらす影響について解説し、日本人が制作したニュース映画と、マクガバン&スサンの撮影チームが撮影した映像とスチール写真を併せて展示するという、ちょっと微妙な意味合いを含んだ企画を予定していた。ところが、博物館から展示の企画書が公表されると、多くの退役軍人、ジョージ・ウィルをはじめとする保守派の評論家、ワシントン・ポストの論説委員、下院議長のニュート・ギングリッジなど連邦議会の議員たちが、原爆の影響を誇張し原爆投下に至る経緯について不当な解釈をしていると非難の嵐を浴びせて抗議してきた。

この抗議は、企画内容に欠陥がないわけではないにしても、あらゆる点から原爆の問題を十分に吟味し、バランスの取れた立場に立っている以上、ばかげた主張であり、原爆を投下したエノラ・ゲイの輝く機体は、これ以上バランスがないほど敬意を表して、会場のど真ん中に展示されることになっていたのである。事実、この展示の意図を擁護する人たちのなかで日本から手紙を寄せたある人は、エノラ・ゲイは会場のすぐ近くのホロコースト記念博物館に移せばいいとまで提案する意見があったくらいなのだ。

このような抗議を受けて博物館の関係者は、原爆を使用したことについての解説文や、日本人の被爆者の写真を展示するような、抗議の対象になった部分を削除したり修正したが、退役軍人や一部の批評家たちは、それでも納得せず、今回の展示そのものを中止するよう要求した。わたしは、歴史学者や作家たちと一緒に博物館の館長マーチン・ハーウィットに面会して、そのような「弾圧」に対して反論するよう伝えたが、無駄だった。ハーウィットは、博物館に対する抗議にすっかり参っていて、結局、このたびの展示は大幅に縮小されて、エノラ・ゲイだけが常設展示されることになった。ただこのことは、原爆投下は戦争を終わらせて数万人の人命を救うため必要だったという主張を容認することになり、しかも、ビル・クリントン大統領と副大統領のアル・ゴアまでが、このたびの抗議活動の後押しをしていたのだった。

こうして、日本人とアメリカ人によって広島と長崎の惨状を撮影した映像は、すでに機密が解除になっているとはいえ、ある意味では、ふたたび抑圧される形になってしまったのである。

このような事態にもかかわらず、原爆五十周年を記念して、マクガバン&スサンのフィルムをわずかなりとも取り上げた印刷物が出まわったり、テレビ取材がおこなわれたりしたけれど、それによって原爆を使用したことに対する国民の意識が大きく変わることはなかった。ケーブルテレビのショータイムでは、原爆について「広島」というタイトルを付けた長時間のドキュメンタリードラマが放映されたが、この手のほかの多くの番組と同じように、最後は、原爆を投下したことは正しかったという結論で終わっている（ひとつの例外として、ＡＢＣのピーター・ジェニングスのスペシャル番組は、原爆投下に対する非難を幅広く取り上げている）。そんなわけで、ワシントンＤＣが主催しジャーナリストのダニエル・ショールが司会を務めるショータイムのパネルディスカッションに出演はしたものの、ほとんど関心が払われることはなかった。

　その後、ワシントンＤＣであったＣＮＮのラリー・キング・ショーに出演したとき、長崎で暮らしていた谷口をはじめとする何万人もの人たちの上にプルトニウム爆弾を投下した、Ｂ29のパイロットだったチャールズ・スウィニーが、となりに座っていることを知った（このおかげで、原爆を投下したＢ29のパイロット二人と、多くの被爆者たちに面会したりインタビューができた数少ないアメリカ人の一人になったのだが）。にぎやかな性格のスウィニーは、ポール・ティベッツと同じように、自分は原爆を投下したことを少しも後悔していないと話しかけてきて、その年の初めにスミソニアン航空宇宙博物館にエノラ・ゲイが展示される企画を、たぶん「裏切り行為（treasonous）」という意味で使ったのだろうが、

「反米的(anti-American)」だと主張した。

一九九八年に *Saving Private Ryan*（邦題『プライベート・ライアン』）という凄惨な戦闘シーンのある映画が封切られたとき、ロサンゼルス・タイムズは、当時八十八歳だったダニエル・マクガバンに、この映画の生々しい戦闘シーンについてインタビューをしている。それに対してマクガバンは、「戦場に出た兵士たちは、自分たちのやったことを語りたがらないもんです。墜落して、ばらばらになった飛行機。ヘルメットが残ったまま頭部のない遺体。あたりに散乱する手脚……。『神のご加護で命拾いをした』といわれるかもしれませんが、そんなもんじゃないんです。眠っていても、そのときの光景が夢に出てくるんです。残骸になった飛行機から遺体を運び出すことを想像してごらんなさい。決して忘れられない体験ですよ」と語っている。

とはいいながらも、自分の子供や孫たちから、第二次世界大戦で目にしたことを話してほしいとせがまれたことがあったといって、「あのころの記憶を呼びさますことが役立っていて、それで憂さを晴らしているんです」と語っている。

それから数年が経った。米ソ間の全面核戦争の脅威は薄らいできてはいたが、一方でイランや北朝鮮の核兵器、テロリストによる核攻撃の脅威が世界中で憂慮されてきた。イラクが核兵器を開発しているのではないかという疑惑は、アメリカがイラクに侵攻するきっかけとなったし、世界中には、まだ二万二〇〇〇発以上の核兵器があり、アメリカはわれる）の核兵器の開発を進めている。
「特殊貫通弾（bunker busters）」という核爆弾や、より小型の新しいタイプ（そのため、使用しやすいと思

そのころ谷口が被爆者の団体とともにニューヨークを訪れたので（一行は、ロバート・ジェイ・リフトンが、わたしと共著の『アメリカの中のヒロシマ』について語るフォーラムに出席した）、谷口と再会した。谷口は、旧友のようににこやかな挨拶をして、十五年前にわたしが贈った本のことを思い出し、割と元気そうだったが、まだいろいろな病気に悩まされているといった。それでも今では被団協の役員になっていて、将来に向けて核兵器の廃絶を訴えつづけており、ある意味では、核の時代において世界をリードする証言者になっていた。

その後、二〇〇三年初頭に、わたしは *Original Child Bomb*（「原・子・爆弾」、トマス・マートンの同名の詩に触発された作品）というタイトルの、原爆をテーマにしたドキュメンタリー映画のチーフ・アドバイザーを務めることになったので、ディレクターのケリー・マッケンジーに、マクガバン&スサンのフィルムをこの映画に使用するよう勧め、保管場所が国立公文書館にあることを教えたので、すぐにケリーは公文書館で撮影リストを入手し、実際に被爆都市で撮影された数時間分のフィルムを利用することになった。そのためケリーは、これまでのアメリカのどの映画制作者よりも、そのフィルムを多く使用することになった。

この映画の制作にたずさわったことで、隠蔽されていたフィルムの問題に、ふたたび引きもどされることになった。ダニエル・マクガバンがまだ存命していることは知っていたけれど、カリフォルニア州ラグナー・ウッズに住んでいて、体は弱っているようだった。一方、インターネットでマクガバンの印象深い新しい写真を見つけた。その写真は、一九四五年九月九日に長崎の爆心地近くの廃墟を眺めている、痩せた姿のマクガバンだった。息子のティム・マクガバンはカリフォルニア州リシーダに住んでいて、父親の残した記録文書を管理して、一九四五年から一九四六年にかけて広島と長崎そのほかの日本各地で撮影した映像を二時間にまとめ、マクガバンの「家庭向け映画」として映画制作者たちに(報酬を得て)提供していた。

わたしもその映画のコピーを送ってもらったが、驚いたことに、その映像のなかに客車が映し出されて、そこに、ずんぐりした体の兵士がタイプライターの前に座って、笑いながら、こちらをちらりと見ているシーンがあった。ハーバート・スサンだった。そして、スサンのすぐそばにマクガバンが映っていて、おそらく二人は長崎に向かっているところのようだ。そのシーンを見たときの驚きというのは、黒澤明について調べていたとき初期の名作『わが青春に悔なし』のなかで、屋外で撮影された二分間のシーンを見たときのようだった(ハリー・三村は、その作品のちょうど二年前に黒澤の『姿三四郎』の撮影を担当している)。

もう一ヶ所の興味ある短いシーンは、東京にあったマクガバンのオフィスのドアが映し出されて、ドアに、マクガバンの名前と「映画制作プロジェクト（Motion Picture Project）」とが大きく書かれた下に、「制作責任者（Production Director）」という肩書が書かれている映像だった。

わたしはマクガバンに直接会ってみたいと思い、そのことで数ヶ月のあいだ息子のティムと連絡を取り合った。ティムの話では、マクガバンはまだ記憶がしっかりしていて、細かなことまでよく覚えているとのことで、父親が『メンフィス・ベル』の撮影を手伝った当時のことから軍隊での最後の十数年間までの生涯を映画化したいと考えていた。ところが残念なことに、面会したいと思っていた矢先の二〇〇五年十二月にマクガバンは亡くなった。新聞の訃報記事によると、享年九十六で、死因は悪性腫瘍だった。

そのころに、わたしは米国保健福祉省に勤務しているレスリー・スサンに再会して、父親のハーバートが亡くなって以降のレスリーのめざましい旅行（広島への何度かの旅行を含め）について話し合った。レスリーは、父親のことを一冊の本にまとめたいと考えていて、これまでは自分が成長するにしたがって父親と不和になっていたが、広島の原爆が残した遺産による強烈な体験をみずからが味わったことで、今では父親のことをより深く理解できるようになったと語った。

＊＊＊

このときまでに、さまざまな断片のなかからマクガバン&スサンのフィルムについて調査するため二十年の歳月を費やしたあと、わたしにとってはクライマックスともいえる壮大な物語となる出来事に行き着いた。二〇〇四年に制作されたドキュメンタリー映画*Original Child Bomb*のディレクターだったケリー・マッケンジーが、一九四六年初頭にアメリカ軍が撮影した何時間にもおよぶ映像フィルムのほとんどを、九本のVHSテープにダビングしてくれたのだ。隠蔽されてきたフィルムについて、今のところ、わたしになりに十分な判断が下せると思っている点は、マクガバンとスサンの二人が自分たちの撮影したフィルムで何をしようとしたのか、政府関係者がなぜフィルムを隠蔽しなければならないと考えたのか、そのフィルムがずっと以前に公開されたとしたら、どんな影響をおよぼしたのか、という三点である。

これまでその論拠となる資料を調査してきた結果、あらためて感じたことは、自分でも驚くほど心を動かされる体験をしたということであり、なかでもフィルムの背景にある物語や、映画を制作した中心人物や、映画のなかに登場する何人かの生存者を知ることができたことである。わたしは、マクガバンやスサンや三村たちが、ふたつの被爆地を旅行した足跡を実際にたどりながら、この人たちの立場に自分を置いてみないわけにはいかなかった。

しかし、このＶＨＳテープのなかでぞっとする想いを初めて味わった映像は、想像していたような原爆による廃墟や、やけどの被爆者たちなどではなく、上空を旋回する飛行機の窓からステディカムを付けたカメラによって、そこが長崎だとわかる、港の風景や、長くつづく二つの谷間や、階段状になった小高い山などを撮影した光景だった。この映像は、アメリカ軍の撮影チームが一九四六年一月に初めて長崎を訪れたときに撮影されたものなのだろうか？　いやそうではなく、おそらくマクガバンが前年の秋に前もって撮影したものなのだろう。なぜかというと、スサンは、自分たちは列車で旅行していたと証言していたからで、いずれにしても、この映像は原爆による悲惨な光景を映し出していることにはちがいないし、たぶん、航空写真の撮影を得意とするマクガバンがカメラを操作したか、あるいは、だれかに撮影を指示したのだろう。

ＶＨＳテープの一本目の映像は、最初に、異国情緒に満ちた旅行記録映画のような被爆前の長崎の景色で、港に停泊する船舶、草木の茂った美しい小高い山、工場地帯やにぎわいを見せる市街地などが映し出されたあと、映像の色合いが変わって、いったん、くすんだ色になってからすぐに、川のあたりが鮮やかな緑や青色になった。この光景は、原爆が投下されたあとの長崎なのだろうか？　もちろんそうだ。そのあたりは、原爆が目標をはずれたため被害を受けなかった街の半分と谷間を撮影したものだ。

そのあと飛行機は旋回しながら、港の方に機首を向けて、ちょうど二つ目の谷間に入るあたりを飛行している。と突然、眼下の風景が、ぞっとするような光景に変わった。その光景は、前もって心の準備をしていたとはいえ、身の毛がよだつ（わたしはそうだったが、カメラマンはおそらく、そうではなかったのだろう）ようだった。小高い山は地肌がむき出しになっていて、平地では、生命や人の手によって作られたものは何もなく、ただ目に入るものというと、おそらくずっと古い時代に作られたらしい、奇妙な角度をつけた道筋の道路だけだ。その場面から数秒すると、遠方に、倒壊したいくつものビルと、煙突が一本見えてきて、それから、三階建ての破壊されたコンクリートの建物（おそらく病院か学校）が見えてきた。そして、今では鉄骨だけになった工場と、まぎれもない浦上聖堂が、塔の一部と、建物の内部が空洞になって、外壁の一部が倒れずに残った廃墟として見えてきた。

飛行機は、港の方をめざしているが、パイロットが飛行機を左に旋回させるまで、そのあいだずっと、荒廃と生命のない光景がつづいている。原爆による衝撃と、それによって谷間が火災に包まれたあとのこの光景を見ていると、街の周囲を小高い山に囲まれていたため悲惨な状況を生み出す「集束効果」（広島では、その効果は長崎より大きかったが、長崎では同心円状というより横長に広がっていた）による結果だったことが一目瞭然である。

飛行機は、ふたたび被害の少ない街の上空を飛行しながら、海の方には停泊する船舶や、道路を走る車両が点々と見えるが、それまでの悲惨な光景を目にしたあとでは、それがかえって痛ましい気がする。それからまた谷間の途切れるところまで帰ってきて、最初に飛行していたときとは少し航路がちがい高度も下がっているが、その光景もぞっとするもので、高度が低いため、最初のときよりも、骨組みだけになった建物の周囲の地上には何もないことや、人が往来していない通りや道路がずっとはっきり見える。樹木がすっかり焼失したため、あたりの小高い山々には、点在する多くの岩が荒涼とした美しさを見せている（それが原爆による光景だということを忘れて、かつて山々に生命があふれていたと考えればの話だが）。

そして映像は、残りの二〇分のあいだに別の十数ヶ所の場面が映し出されて終わったが、これまで見てきた部分こそが、おそらく政府の関係者が映像として公開されることをもっとも危惧していた場面で、やけどを負った顔なのではなかったのだろう。一九五〇年代にこの映像を見たら、どんなアメリカ人でも「机の下に入って身を守る（duck and cover）」や、地下の核シェルターなどが実際にはなんの役にも立たないと思ったはずで、長崎のように、たとえ「小型の核爆弾」が目標をはずれたとしても、その破壊の様子を目にしてショックを受けるにちがいないからだ。

そして不思議なことだったが、映像が終わり近くになって、いきなり地上に降り立った場面が映し出されると、少しほっとした。なぜかというと、ちょうどカメラマンが飛行機から降り立って、廃墟から急いで走り去っているかのようだったからだ。こうして地上に降り立ったわたしたちは残りの映像で、倒壊したビル、ねじれた金属、ジェネラル・エレクトリックの標識、廃墟で片づけをしている労働者たち、住むところを失って荷車をひいて橋を渡る住民たちなどを目にすることになる。それから、アメリカ軍の将兵が二人で焼け焦げた岩を調べていたり、科学者らしい人たちが器具をもって瓦礫のなかで何かを計測している様子が映し出されている。

二本目のテープは、初めにパンという手法によって、何もない風景がしばらくのあいだ鮮やかなカラーでゆっくりと水平方向に映し出される映像と、ハリウッド映画で使われるドリーショットといって、倒壊したビルのなかをカメラを移動させながら撮影する手法を使った映像が映し出される。そのあとの映像は、前後が無関係な場面になって、学校の生徒たちが瓦礫のあいだを鳥居の下をくぐって行進している様子や、男や女たちがバラックを建てたりしている様子や、倒壊した教会などが映し出されている。

三本目のテープは、風景のなかにいる人間たちをドリーショットで効果的に撮影したもので、その映像は明らかに、おぞましい場所のなかをカメラを据えた台車を動かしながら撮影しているが、周囲の状況とは無関係に子供たちが無邪気な様子で楽しそうに行進している場面や、仮設の教室のなかにいるところが映し出されていて、撮影チームの何人かが子供たちにガムをあたえている。それから、よく知られているシーンだが、浦上聖堂の廃墟のなかでおこなわれたカソリックのミサが映し出される。カメラは聖堂の側廊に沿って移動したあと、ミサの参列者たちがベールで顔をおおって賛美歌を歌っている場面になる。このシーンは、参列者の周囲の廃墟をカメラが映し出さないにしても、とても心を打たれる場面だ。

四本目のテープでは、いよいよ、小学校の生徒から大人（おもに若い女性）までの、やけどを負った被爆者たちの、ほとんど裸に近い格好を撮影したシーンを目にすることになる。その人たちの多くは、机の前に座っていて、純粋に医学的な立場から、やけどで醜くなった顔をカメラの方に向けてアップで撮られたり、ケロイドのある体をぐるりと回して、全体が見えるように撮影されている。もちろん、もっとも痛ましいのは子供たちで、年上の子供は威厳を保とうとしているが、ときには涙をにじませたり、怒りを露わにしている子供もいる。子供たちの、このような映像は以前にも見たことがあるけれど、このテープの多くは初めて見る映像で、ショックと悲しみを感じないわけにはいかない。短いシーンだが、ベッドに横たわった重症の女性が、自分の子供の世話をしようとしているシーンが映し出されたが、その女性の症状が放射線障害によるものか、別の原因によるものかは知るすべもない。

このテープの最後のところで突然、うつ伏せになって背中全体に大きな傷口を見せている谷口少年が登場した。その短い映像は、以前に見た谷口少年の場面よりも詳細で、医師たちの治療を受けながら怯えた表情をした顔がアップで撮影されている。

五本目のテープは、一九八四年にわたしが訪れたことのある広島赤十字病院の屋外で、若い看護婦のグループが卒業証書を受け取っているシーンからはじまっている。若い看護婦たちの楽しそうで意志の強そうな顔がアップで撮影されているが、グループが解散すると、その背景には広島の廃墟があらわれる。そのシーンのつぎに、病院のなかが手短に映し出され、建物の壁にめり込んだガラス片（わたしが訪れたときも、まだ残っていた）が映し出されて、「あの日」の午前八時十五分で止まったままの時計や、原爆の放射線によって感光したレントゲンフィルムが映し出される。

六本目のテープでは、何人かの患者が登場して、そのあとに屋上で、ひどい傷痕やケロイドのある患者たちを診察する日本人の医師たちが登場し、それからふたたび、その人たちの背景に何もなくなった街の景色が映し出される。一人の医師が、患者の目の周囲にできた傷口を示してから、義眼を挿入している。また、両目に義眼を入れた子供が登場する。そして最後に、『予言』のなかにも登場したとおり、その医師がシャツを脱いで、自分のひどい傷痕を見せている。

病院の階下では、一人の女性がぞっとするような手の傷を治療してもらっていて、腕からガラス片が取り出されている。撮影された映像は、原爆が投下されてから少なくとも七ヶ月は経っているので、その女性は、それまでに今よりもっとひどい傷の治療を受けていたと考えなければならない。

　それから場面は、広島からふたたび長崎に移ったが、広島と似たようなシーンで、医師たちが、やけどの子供たちを処置していたり、広い病室で瀕死と思われる大人たちがベッドに横たわっている場面が映し出される。瓦礫が散乱したその病院の建物は、「長崎感染症病院」と記されている。そしてこのテープの最後に、わたしがインタビューをし、『予言』のなかに、やけどで顔が醜く変形して、まるで老人のように見える少女として登場する片岡ツヨが撮影されているが、片岡がカメラを睨みつけている様子は、無理からぬことだ。

　七本目のテープは、初めて目にする映像で、廃墟となった長崎の街中を歩く人たちや、背景に浦上聖堂が見える付近で何かを探しまわっている人たちのシーンからはじまっている。カメラは、たぶん台車に載せられているようで、ゆっくりと動いて行く情景が映し出されている。つぎのシーンは、浦上聖堂の内部に西洋人の若い神父が立っていて、そのあと、孤児らしい四人の子供と一緒にひざまずいている。そして、別の四人の子供たちが廃墟のなかで何かを探しまわっている。それから、納骨堂の内部に安置された遺骨を納めた小箱が映し出され、役所の担当者がその小箱を女性に手渡している。そして最後のところでは、何人かの労働者たちが作業場に集まってくるシーンが映し出されている。

　残りの二本のテープは広島を撮影したもので、廃墟のなかに建てられた家で人々が暮らしている様子や、食料や日用品を求めて列を作って並んでいる様子が映し出されている。病院のなかで、ひどい傷痕のある女性が背中に赤ん坊をおぶっていて、女性が上衣を脱ぐと、露わになった胸に大きなやけどの痕が見える。そして赤ん坊も、ひどいやけどを負っている。

そのあとの場面は、男女や子供たちが何人も映し出されているが、だれもが、ぞっとするような姿で、ちょっと、ことばでは表現できない。それから、少年の横顔が映し出されて、それほどひどい様子には見えないが、カメラの方にゆっくり顔を向けると、いくつものケロイドがあらわれてきて、こちらが罪悪感を覚えるような目で睨んでいる。

九本目のテープは、一流のカメラマンだったハリー・三村（このテープのカチンコにカメラマンとして、ときおり名前が出てくる）の信じられないような撮影技術を知ることができる。たとえば、非常に高い位置から撮影された風景、原爆ドームのクローズ・アップ、泣いているかのように見える倒れた彫像、倒壊したビルと傷ついた被爆者とを巧みに組み合わせた映像などで、さらに、スサンがわたしのインタビューのなかで語っていたとおり、かつては乗客でいっぱいだった焼け焦げた路面電車などが映し出されている。

そして九本目の最後になって、ようやくジャンプカットで現在のシーンになり、静かなたたずまいの京都が映し出される。京都は、陸軍長官のスティムソンが戦前に訪れて、その美しさを知っていたため原爆の投下目標からはずされた街になったのだが、そのかわり、プルトニウム爆弾は、長崎というほかの街の上空で炸裂し、片岡や谷口をはじめとする何万人もの人たちが、京都の人たちとはまったくちがう運命にさらされることになったのである。

＊＊＊

Original Child Bomb は、カラーフィルムを使用しているため映像がより効果的で、観る者に息を呑むほどの強い印象をあたえるが、この映画のなかには「被曝退役軍人」のシーンや、世界中で二万二〇〇〇発の核弾頭が保有されて使用される脅威などについても語られていて、ニューヨークのトライベッカで開かれる映画祭で何度も上映されたり、格式のあるシルバードックス映画祭で優秀賞を受賞し、カンヌ映画祭のオンライン・コンテストで上映されたりしている。そして、この映画がサンダンスのケーブルテレビで放映されたときには、ワシントン・ポストがわたしにインタビューをしている。

そのあいだに、『アメリカの中のヒロシマ』のなかに書いた多くの隠蔽工作のひとつに、驚くべき最新の情報を付け加えることになった。それはジョージ・ウェラーにかんすることで、シカゴにある新聞社のえり抜きの特派員だったウェラーは、長崎を訪れて原爆投下後の捕虜収容所を初めて取材し、収容所のなかで目にした奇妙な病気によって次第に死に至る様子をはじめとする衝撃的な惨状を記録したのだが、残念なことに、その記録は世に出ることはなく、東京のマッカーサー司令部によって永久に抹殺されてしまったらしいという情報だった。

ところが、ウェラーの息子で作家のアンソニー・ウェラーが最近になって、亡くなった父親のトランクのなかに当時の記録の原本を発見し、六十年経ってから、その一部を日本の代表的な新聞社から一冊の本として出版する手はずをととのえたのである。アンソニーは、わたしが一九四五年の原爆にかんする本を出版した数少ない人物だということを知って、出版予定の自分の本について事前に知らせてきたので、国内にあったこのジョージ・ウェラーの歴史的な資料を、わたしが初めて目にして引用することになった。

こうして二〇〇六年に、ウェラー父子による *First Into Nagasaki*（邦題『ナガサキ昭和20年夏』）と題された本が出版され、そのなかにジョージ・ウェラーが一九四七年に執筆した未発表のエッセーの一部として、「この記録が政治的に理解される機会は失われ、公にすることを禁じられた。この記録が理解されることは二度とないであろう……。そして歴史のなかの身勝手な人間たちが、嘘をついたまま永久に知らぬふりをするつもりなのであろう」ということばが引用されている。

この本のなかでジョージ・ウェラーは、みずからが長崎で体験したことについてとくに言及し、自分は「マッカーサーの検閲学校で『ファイルにとじて忘れ去る（file and forget）』よう仕込まれた」と不満を述べていて、「長崎の陰気な水路のほとりで一時間のあいだに粉々になった二万人の頭蓋骨のことが、今では検閲の対象になるなどと、いったいだれが信じるだろうか?」と断言しているけれど、マクガバン&スサンの撮影したフィルムが数十年以上にわたって隠蔽されつづけていたことを考えれば、ウェラーの、このことばは正しくないのである。

ウェラーがこのように語ってから、かなりの年数が経った一九八四年になって、ある雑誌の公刊されなかった記事のなかでウェラーは、「マッカーサーは歴史の流れや科学の進歩を止めることはできなかったが、放射能によって死亡する事実については、うやむやにして歴史のなかから葬り去ろうとした。もしくは、検閲と同じように巧妙な手口を使って、一般市民に対しては、放射能のおよぼす影響という重要な教訓をあいまいにしようとした」と述べている。また一九九〇年代のラジオインタビューでは、「マッカーサーは、長崎にはだれ一人行かせたくなかったんです。長崎の人たちに起きたことを知れば、だれもが同情を禁じ得なくなるからです。わたしは、長崎で起きたことを知りたかったんです……。これまで原爆について書かれた内容は、どれも正しくないのだという強い想いを抱いていたからです」と語っている。

原爆が投下されてから六十年近くが経っても、アメリカでは、広島と長崎に投下した原爆について語ることは避けてとおるテーマとしてありつづけ、少なくとも、第二次世界大戦の物語としては語られることの少ないテーマになっているのだ。

＊＊＊

カープの新しい球場が原爆ドームよりも広島駅に近いところに造られて、その新球場は、一九八四年にわたしが広島を訪れる際に資金援助をしてくれた、広島市長の秋葉忠利が建設を推進して二〇〇九年から使用されることになった。そして新球場の命名権は、広島市の郊外にある日本でも有数の自動車メーカーのマツダが買い取り（わたしが広島を訪問したとき、この会社は一九四五年の原爆投下のときに一部が被害を受けただけだったことを知った）、正式な名称はマツダ・ズーム・ズーム・スタジアム広島という。

翌二〇一〇年には、巨額の費用をかけた *Countdown to Zero*（邦題『カウントダウン・ZERO』）というドキュメンタリー映画がアメリカで封切られたが、制作にあたっては、アル・ゴアが出演した有名な *An Inconvenient Truth*（邦題『不都合な真実』）を制作したスタッフたちが担当した。この映画は、核兵器廃絶の道のりを、ゆっくりではあっても着実に進めることを訴えていて、テロリスト、無法国家、不測の事態による核ミサイル発射などによって起こりうる多くの脅威をくわしく伝えている。わたしは、出演者の一人で元ＣＩＡの核拡散にかんする専門家ヴァレリー・プレイム（そう、あのヴァレリー・プレイムである）にインタビューをした。ヴァレリーは、「ＢＰの原油流出事故でおわかりのように、起こりにくい出来事だって起きるんです。ですから、あの映画の前提は核兵器の問題を解決することであって、それを進める唯一の理性的な方法は、核兵器をゼロにすることなんです」と語った。

わたしはヴァレリーに、あの映画にはひとつ欠陥があって、それは、取り上げられたすべての脅威のなかで、たとえば、わが国のような核兵器の「先制使用」政策をとる国が故意に使用することや、わが国が核兵器による先制攻撃の選択権を放棄しないという事実について語られていないことだといった。それに対してヴァレリーは、その問題については、冷戦が終結したので、わが国はあまり憂慮していない、と消極的なことばで応じている。

そのころ、レスリー・スサンは五十六歳になっていてメリーランドに住んでいたが、父親のハーバート・スサンが一九八〇年代にわたしに見せてくれた、一九四六年に撮影した写真集（何十年も戸棚のなかに保管して、子供たちに見てはいけないと注意していた）を広島平和記念資料館に寄贈する決心をしていた。

スサンがそれらの写真をすべて自分一人で撮影したのか、それとも一緒に仕事をしていた撮影チームのほかの人間も撮影したのかは不明なままだったが、ともかく、そのなかの四十三枚は広島を撮影したもので、そのうちの二十三枚は広島の資料館のスタッフも初めて見たという写真で、広島のほかに、長崎を撮影したものも三十七枚あった。資料館のスタッフは読売新聞社の取材に対して、「これらの写真は、復興を示す貴重な写真です」と語り、新たなこれらの写真のなかには、兵舎、鉄道の駅、被爆者、廃墟のなかに立つスサンの写真などもあった。

資料館では、レスリーから寄贈された写真集をデジタル化したあと、原本はレスリーに返却し、その後、読売新聞社によると、後日レスリーが資料館を訪れたときの記者会見の席で、父親は原爆が投下されたあとの広島が復興しているエネルギーを感じたと話していた、と語っている。

＊＊＊

一九四五年に長崎に原爆が投下されて以降に日本が見舞われた最悪の原子力災害は、二〇一一年三月十一日に巨大津波におそわれた福島の原発で発生した。このときの広範囲にわたる放射能の飛散と、それによる脅威のため、一九四五年に起きた出来事とともに、現在もつづいている核兵器と原子力に対する脅威（ただ、ふだんは表面化していないが）を、あらためて日本人と世界中の人たちに呼びさますことになった。

同僚のロバート・ジェイ・リフトンは、*From Hiroshima to Fukushima*（「広島から福島まで」）と題した論説を二〇一一年四月のニューヨーク・タイムズに寄稿して、「原爆の惨禍を経験した日本が、国内の消費エネルギーの三分の一を占める企業のために、原爆と同じ原子力を利用した技術を推進してもいいのだろうかと問われるかもしれない。このような原子力エネルギー政策に対して広島と長崎の被爆者たちから反対があって、とりわけ日本では原子力に対する評判は悪いのだが、原子力の悪影響を否定したり、隠蔽したり、企業と政府のあいだで結託するという構図は、何も日本にかぎったことではないのである」と述べている。

毎日新聞社は、八十二歳ながら現在も長崎原爆被災者協議会の代表を務めている谷口稜曄に面会して、福島の原発事故について意見を求めた。そのときのインタビューによると、いつもの谷口なら静かな調子で、ためらうような話し方をするのに、「話題が、このたびの放射能被害のことになると、まるで水門が開いたように突然、話しぶりが勢いづいた」という。そして、「原子力と人類は共存できません。わたしたち被爆者は、このことを以前から主張しつづけてきました。それなのに、原子力の使用を『平和的利用』という名のもとにカモフラージュして推進してきたんです。自然災害がいつ発生するか、だれにもわかりません。ですから、原子力による事故は絶対に起きないなどとは、だれにもいえないんです」と語っている。

二〇一一年四月、谷口の所属する長崎の団体を含めた五つの被爆者団体が日本政府に対して、原子力の「安全神話」が崩壊したと訴え、さらなる被曝者を生み出さないよう政府のエネルギー政策を改めるよう求めた。そして毎日新聞によると、谷口がまだ役員を務めていた被団協は、「政府に対して、原爆による被爆者と同じように原発で働く労働者と周辺住民に対しても、放射能による被曝の証明として使われる健康手帳を交付して、定期検診が受けられるよう要求した」という。

谷口は、多くの被爆者が何十年にもわたって健康を損ね、癌をはじめとする病気にかかって政府からの援助を求めてきたのに、「見捨てられてきた」と語り、毎日新聞の記事は、「福島で目に見えない危険にさらされている人たちは、はたして被爆者と同じような措置を受けることができるのだろうか?」ということばで結ばれている。

当然のことながら、福島の原発事故は、わたしが広島と長崎を訪れたときの体験を呼びさまして、それ以来、アメリカによる「隠蔽」について、もう一度調査する気持ちを起こさせた。そのとき、わたしは一人ではなかった。国連ユニタールで特別上級顧問を務めるナスリーン・アジミは、福島の原発事故のあとニューヨーク・タイムズに寄稿した論説のなかで、「核兵器から原子力の利用に至る核問題が話題になれば、日米両国の関係は取り返しがつかないほど悪くなる可能性があります。広島と長崎が原爆によって破壊されたあと、被爆都市の人たちのなかには核拡散に異を唱える人がいるのに、アメリカは核拡散に突き進みながら、しかも大方は誤った結論を下しているからです」と述べている。

さらにアジミは、トルーマン政権が広島に原爆を投下してわずか数時間後に発表した政府声明について『アメリカの中のヒロシマ』を引用しながら、「あの無慈悲ともいえる声明は、アメリカ人（のちには日本人も）が知らないまま長期間にわたって放射能による危険性を政府が覆い隠して、悪魔と取引をしたファウスト的契約ともいえる行為だったのです。それなのに、当時のすぐれたジャーナリストや報道機関までが、熱狂をもって『核の時代の夜明け』だと賞賛したのです。『アメリカの中のヒロシマ』で著者が述べていることばを借りれば、こうしてアメリカは、現在のわたしたちと同じように『核のわなに嵌まりこんだ』のです」と述べている。

その後、二〇一一年六月下旬ころに *Hiroshima Ground Zero 1945*（「ヒロシマ グラウンド・ゼロ一九四五年」）と題された写真展が、たしか国内の代表的な写真センターで初めて開催されたはずで、ニューヨーク・タイムズが大々的に取り上げている。そして、マンハッタンの国際写真センター（ＩＣＰ）で開催されたその写真展のときに知った裏話は興味深い内容だった。マサチューセッツのあるレストランの経営者で骨董品の蒐集家だった人物が、廃棄されていたスーツケースのなかから大量の写真を発見して、その写真は、ロバート・Ｌ・コースビーというエンジニアが所有していたもので、亡くなったあと、自宅の地下に保管されていたものだったという。そして写真を調べたところ、コースビーは、一九四五年の秋に日本の被爆地に派遣されたエンジニア、科学者、軍人たち一行の一人だったことがわかったため、この一行は、原爆の効果を調査するため派遣されたマクガバン&スサンの撮影チーム（本書の初めに書いたとおり）よりも以前に被爆地に派遣されていたことになる。そして、発見されたこの写真をもとに写真展を開催するとともに、「ヒロシマ グラウンド・ゼロ一九四五年」と題した二四五ページの詳細な説明書が作成されている。

とはいえ、ICPのこの写真展で何か新たなものを見出すことができただろうか？ たしかに一見の価値がある写真ではあったが、写真が展示された小部屋には、機密を解除された数十点の白黒写真が展示されていて、破壊されたセメントや、ねじ曲がった金属などのような、原爆による建物の被害状況の写真のほかには、取り立てて強い印象は受けなかったし、説明書も興味深い内容ではなかった。これらの写真からでは、広島で数万人の人が亡くなったことを知ることはできない。黒焦げになった学生の制服が椅子に掛けられた写真の説明には、「爆心地から約一二〇〇メートルの地点で焼け焦げた衣服」と書かれているのだが、その制服を着た少年は、どうなったのか？ このような冷淡な手法は、アメリカ流の主催者の方針だったのかもしれないが、一九四五年に実際に起きた「一九四五年のグラウンド・ゼロ」の実相を示した写真は提供されていなかったのである。

六　現　在

　それから数年が過ぎ、毎年七月中旬になると、*a daily Countdown to Hiroshima*（「ヒロシマに向けた日々のカウントダウン」）と題した投稿をはじめることにしていて、初めにオンライン・メディアのハフィントン・ポストからはじめて、雑誌『ネイション（The Nation）』、そして最後に自分のブログ「差し迫った問題（Pressing Issues）」に書き込むことにしていた。これらの投稿をするに際しては、日本に原爆を投下する一九四五年前後に意思決定をした鍵となる事項と、原爆を投下した直後の影響について検討するとともに、原爆の問題にかんする専門家やジャーナリストたちの意見が変遷するありさまだけでなく、原爆投下を決断したことにかんする新たな知見についても検討している。

　同じ時期の二〇一〇年、バラク・オバマ大統領が、それまでは参列することがなかった駐日アメリカ大使に広島の原爆記念式典に参列するよう指示し、それから数年後の二〇一六年には、オバマみずからも式典に出席する初めてのアメリカの大統領になった。当然のことながら、保守派や退役軍人の団体は、アメリカが原爆を投下したことを大統領が「謝罪する」のではないかと危惧したが、さすがにオバマ大統領も、そこまで歩み寄ることはしなかった。それでも、慌ただしい訪問のあいだに被爆者を抱擁したり、核兵器を使った瀬戸際外交を見直す新たな道筋を表明した。ところが、二〇一六年以降になると、新たに大統領となったドナルド・J・トランプのもとで、核兵器の増強や好戦的な威嚇という新たな外交方針が打ち出されるようになって、その脅威について、わたしたちも取材報道をする機会が多くなってきた。

原爆を製造し使用してから七十五周年の節目となる年が近づいて、長いあいだずっと延び延びになっていた二つの大きな計画にようやく取りかかる気になった。その計画というのは、被爆都市で日本人とアメリカ人の双方が撮影し、埋もれたままになっていたフィルムを探し出していく過程を伝えるドキュメンタリー映画を制作することと、ハリウッドが原爆について取り上げて初めて映画化したMGMの『始めか、終りか』が、これまでとはまったく異なる立場から公開を規制された背景にある途方もない話について精査した、ノンフィクション（同名のタイトルとなる拙著は二〇二〇年七月にザ・ニュー・プレスから出版予定で、本書の補遺も参照してほしい）を執筆することだった。この本の主旨は、日本へ原爆を投下し核兵器を将来にわたって軍事使用することに疑問を提起するはずだった映画『始めか、終りか』の台本が、ほかのさまざまな介入のなかでも、ハリー・S・トルーマンとレズリー・R・グローヴスの二人による抗議と、トルーマンが原爆投下を決断する一連の重要な役割を担ったホワイトハウスの双方によって、最終的には核兵器の使用を支持する、あからさまなプロパガンダ映画に劇的に変わった経緯を初めて明らかにしようしたものである。

もちろん、ここで関心を引く点は、広島と長崎で撮影されたフィルムがすべて機密あつかいにされて隠蔽されたときの大統領がトルーマンだったことで、それで思い出すのは、スサンが個人的にトルーマンに宛てて手紙を書いたり、直接面会してフィルムの公開を求めたという事実があることなのだ。

わたしが執筆した *The Beginning or the End* については、リチャード・ローズやアレックス・カーショウなどの書評家たちが真っ先に好意的に評価してくれ、*Human Smoke: The Beginning of World War II*（「ヒューマン・スモーク：第二次世界大戦のはじまり」）の著者ニコルソン・ベイカーは、「巨大で今もなお光芒を放っている道徳上の大惨事が次第に変質してゆくありさま」を詳述している点に注目してくれた。また、*Empire of Sin*（「罪の帝国」）と *The Mirage Factory*（「蜃気楼の工場」）の著者ゲリー・クリストは、「歴史上もっとも議論のある原爆投下の決断を正当化しようとして、映画界とアメリカの国民が自分たちを納得させるための神話を、どのように受け入れていったかが語られている」と述べている。

また同じ時期に、本書で語った物語の続編として、長編のドキュメンタリー映画の制作を手がけていて、この制作をとおして、ハーバート・スサンの娘レスリーとダニエル・マクガバンの家族らと親しく接することになり、一六〇分の白黒映像と、十数時間のカラー映像をあらためて検討することになった。

レスリーは、父親のハーバートが日本で味わった体験に苦悩し（ほとんどＰＴＳＤといってよい）、原爆を都市に投下することは二度としてはならないと考えて、自分が撮影したフィルムを見つけ出してドキュメンタリー映画を制作しようと苦闘してきた半生を知ったことで、父親の生涯と、自分も人間的に成長していった過程をつづった回顧録を何十年もかけて仕上げた。ところで、この本のなかで、わたしが初めて知って驚いたエピソードは、レスリーが子供のころ、自宅の戸棚にあった古い写真のアルバム（ハーバートは日本から持ち帰った写真を多く保存していた）のことを父親に尋ねたとき、アルバムのことは二度と尋ねてはならないし、子供に見せるようなものではないから絶対に持ち出してはいけないといわれたので、そのアルバムはポルノ写真だと思い込んで、原爆のありさまを撮った写真だなどとは夢にも思わなかったという話だった。

また、フィルムを調査する一環として、アラバマ州にあるアメリカ空軍歴史研究局に、マクガバンが一九八八年にインタビューを受けた長時間のオーラル・ヒストリーが残されていることを知ったおかげで、遅ればせながら、新たな情報や、今までのことを、よりくわしく説明できるのに役立つことになった。オーラル・ヒストリーのなかでマクガバンは、自分の役割について、日本人の撮影チームが撮影したフィルムがアメリカ軍に没収されたとき、あの日本人たちは今では「わたしのために仕事をしている」のだから、撮影を許可してやってもらいたいと上官に願い出たことを、くわしく説明している。その後、七人の日本人の中心的グループに指示して、『広島・長崎における原子爆弾の影響』という三時間ほどのドキュメンタリー映画（バックに流れる音楽は、しばしば不釣り合いな曲だったが）を制作したと語っている。

マクガバンは、映画に使ったフィルムは自分の手でペンタゴンへ運んだと語っているが、残されたほかの記録によると、積荷として日本からアメリカへ発送されたことがわかっている。またペンタゴンへ運ばれたフィルムは、カットされたほかのフィルム（日本人が編集室の天井裏に隠したコピーを除くと）と一緒に軍当局の管理下に置かれたのだと語り、それから数ヶ月が経って、「あの歴史的なフィルムが、軍の当局者たちにとっては、まったく関心のないものだったことに衝撃を受けた」とも語っている。

さらに、一九四六年一月にスサンやハリー・三村をはじめとする自分の配下のすぐれた撮影チームが日本に到着する二ヶ月前には、少人数のチームと一緒に自分がカラーフィルムを使って撮影をはじめていたことを明らかにしている。このことについては、アラバマ州から帰って、あらためてカラー映像を確かめてみると、カチンコの部分に、たしかに一九四五年十一月と十二月の日付が記されたフィルムが何本かあることでわかった。さらにオーラル・ヒストリーのインタビューのなかで初めて、一九四五年九月上旬にはすでに広島と長崎を訪れたこともくわしく語っている。

また、一九四六年の戦略爆撃調査団による撮影のことを語るときには、スサンのことを、ときには思いつくままに中傷して、もっぱら「書記」（それにポーカーが上手だった）の仕事をしていて、スサンが撮影の役割をおもに担っていたというのは誇張だと主張し、「あいつは罪の意識に苛まれて精神的に参っていて、それというのも、チームのなかでは最年少だったし、実際の戦闘場面を見たことがなかったからだ」とも語っている。ただ、撮影チームが空襲で破壊された日本の各都市を訪れたとき、ダン・B・ダイアは、戦争中にカーチス・ルメイ少将の爆撃目標の専門家として大いに活躍していたことから、撮影チームのなかではずっと重要なメンバーだったと説明する一方で、一行が撮影をつづけているあいだ自分だけは東京にもどることが多かったと語っていて、そのあいだはスサンがおもに撮影を担当することはあったと認めている。

また、広島と長崎に入ったとき、遺体や頭蓋骨のことから「あらゆる異常な物事」に至るまでを目にしたことや、原爆で破壊された浦上聖堂で歌われた感動的な「きよしこの夜」のシーンを撮影したときの模様などを、あらためて生き生きと語っている。

さらに、カラーフィルムがペンタゴンへ届けられて機密あつかいになったとき、それまで自分がやってきた撮影の仕事がだれからも感謝してもらえなかったことに呆れはて、アンダーソン少将だけは例外だったが、「ほかのだれも関心を示さなかった。悲しむべきことではあるが、現在でも軍関係者のなかには、原爆は過去の些細な歴史として気に留めない者もいる」と語っている。そのためまもなくすると、カラーフィルムをもとにした一般向けの重要なドキュメンタリー映画を制作することは断念して、まず初めにライト・パターソン空軍基地で「後世のために」フィルムを保存することだけに専念するようになり、日本人の制作した二本の一六ミリ映画も密かにコピーしたと語っている。

しかし、オーラル・ヒストリーに収録された軍関係者によるインタビューのなかでは、数年前にわたしに打ち明けた内容のことはおくびにも出さず、自分のフィルムが機密あつかいになったのは、二つの都市に投下を決断した原爆によって女子供を含めた一般市民のむごたらしい状況を、政府が多くの国民に見せたくなかったことがおもな理由だと思うと語っていて、フィルムを公開することで、将来さらなる原爆を製造することに国民が反対するかもしれないということについては触れていないので、おそらく、友人か以前の軍関係者から、そのような主張は話さないよう釘を刺されていたのだろう。

＊＊＊

ドキュメンタリー映画を制作するための資料を集めているあいだに、マーク・ノーネスのことを知った。ノーネスは、ミシガン大学で映画について講義をしていて、著書の*Japanese Documentary Film*（「日本のドキュメンタリー映画」）は、日本映画社が制作したドキュメンタリー映画のことを知る重要な資料になっている。ノーネスは、日本人が制作したドキュメンタリー映画『広島・長崎における原子爆弾の影響』にかかわった重要な関係者について書かれた数冊の日本語の書籍のなかから、わたしが映画を制作する際に関係のある部分と、日本人による映画制作の責任者だった岩崎昶の回顧録と、ハリー・三村の伝記をコピーして送ってくれた。ただ、日本語を英語に翻訳できる人が身近にいなかったので、ある部分はプロの翻訳家に依頼し、ほかの部分は大ざっぱな訳をすることにして、これらの資料に書かれている内容を読み解くことにした。

ハリー・三村の伝記には、ハリーが一九二九年にハリウッドでグロリア・スワンソンが主演する映画で撮影の仕事に初めて就いてから、その後、*Around the World in Eighty Days*（邦題『八十日間世界一周』）のような巨額の資金を投じたアメリカ映画のほかに、日本で二八本の映画の撮影を手がけるまでの半生が描かれている。また、軍属になったハリーが、マクガバンとスサンと一緒に例のカラーフィルムを撮影するという困難な仕事にたずさわったことついて、伝記にはつぎのようにくわしく書かれている。

「ハリーにとって、本当の意味で試練となったのは、広島赤十字病院と広島逓信病院で被爆者たちを撮影することだった。やけどで顔、胸、四肢、背中などが赤く焼けただれた被爆者たちが、撮影されるためハリーの前につぎからつぎへとやって来た。『わたしと同じ肌の色をし、同じ言語を話す日本人のことを想うと、精神的な動揺は大きかった』。ハリーは生涯で初めて、撮影しようとする手の動きが止まり、体じゅうの動きが一瞬、停止した。そして原爆による破壊力の、だれも逃れることのできない暗い深淵を覗きこむような気持ちになって、絶望感を感じた。しかし、『カメラマンは、どんなに苦痛に満ちた状況のなかでも、それが仕事である以上、撮影する必要があるのだ。それがプロなのではないか』と思った」

「さらに、ハリーのなかに、撮影することを許しはじめる想いが湧き起こってきた。『アメリカ軍によって制作される映画は、おそらく国民の目には永久に触れることはないかもしれない。しかし、今わたしが撮影しておけば、いつの日か、そのフィルムが役立つことになるかもしれない』と考えて、カメラを向けなければならないと思った」

「それから数年後、マクガバンがオハイオ州デイトンにある空軍基地で、約一年かけて大量のフィルムを整理して国防総省の倉庫に保管しているという噂を耳にした。その話のほかに、あのときのフィルムがどうなったのかは聞かされたことがなかった」。のちにハリーは、あるインタビューのなかで、被爆都市で撮影したことを回顧しながら、「わたしは、あの耐えがたいほどの苦痛に満ちた撮影の仕事を命じられていました。アメリカと日本との戦争が、たとえ避けられなかったとしても、なんの罪もない一般市民が、どうしてあんな苦痛を味わわなければならなかったのか、おかしいと思いませんか？　ただそれでも、一人のカメラマンとして、どんな対象であってもカメラを向けなければならなかったんです。たとえ、その対象がぞっとするような場合でもです。わたしは、あのフィルムが、いつの日か、なんらかの形で、何かの目的に役立つことになるだろうと思ったんです」

さらに、日本人が撮影した白黒フィルムにかんする新たな資料によって、その撮影チームの一連の経緯を、初めて、くわしく知ることができた。その経緯というのは、広島に原爆が投下される直前のことからはじまり、撮影チームのフィルムが没収され、それを隠そうと懸命な努力をして、のちに一部が公開されるまでの出来事だった。なかでも、もっともショッキングな逸話というのは、一九四五年八月初めに、あるカメラマンが東京から広島にあった自分の会社の事務所を訪れたとき、事務所の責任者が八月六日か七日にアメリカ軍が広島を標的に新型爆弾を投下することを知っていて（長いあいだ、原爆の投下は前触れもなく突然の出来事だったと思われてきたのだが）、そのカメラマンに急いで東京にもどるよう伝えたという話だった。

この話については、さらに新たな情報もあった。原爆が投下されて数日後に、そのカメラマンは、ほかの同僚カメラマンたちと一緒に街の状況を撮影して、フィルムを東京へ送ったのだが、アメリカ軍が東京へ進駐してきた九月上旬にフィルムは没収されたという事実があったことで、原爆投下直後に撮影された、この「まぼろしの」フィルムは、正規の撮影チームがそのあとに撮影して、現在わたしたちがよく知っている映像とはちがい、人の目に触れることはなく、おそらく廃棄されたと思われる。こうして、原爆が投下された直後から、その後に至るまで「隠蔽」はつづいていたのである。

　つぎに、藤波健彰（たけあき）というカメラマンの書いた回顧録から、生々しい描写を抜粋してみる。

「こんな人たちの写真を撮るのは、わたしにとっては初めてのことだった。灰燼にまみれた床に十五歳くらいの少年が横たわって、目を見開いたままじっと天井を見ている。わたしは、少年の頭の下に手を差し入れて、握飯を包んでいた新聞紙を畳んで枕にしてやった。わたしは自分の髪の毛が逆立っている気がした。翌日、山中さんの医療班の手伝いをするために出かけた。病院には、おびただしい患者がいた。原爆に被災した患者たちを治療する医薬品は何もなく、傷口や、やけどにはマーキュロクロムを塗るだけだった。包帯もなかった。縞模様の浴衣を着た女の人の肩口や背中には、その模様のとおりのやけどの痕がはっきり残っていた」

「前日に枕をしてやった少年のことを思い出して、そこへ行ってみた。少年は死んでいた。遺体の様子は、まだ昨日のままだった」

「子供のころ、生きているときに悪いことをした人間が死ぬと地獄へ落ちて、鬼に体を切り刻まれると聞かされた。今、目の前にしている光景は、その話のとおりだった。広島駅の近くにあった広島逓信病院にいたときは、雨の降る夕刻だった。広場に硬直した裸の遺体が積み上げられていた。岡山医科大学の医師が台の上に遺体を寝かせて、病理解剖のため内臓を取り出して調べていた」

「医師は無表情のまま、放射能によって人体にどのような障害が起きているのか検査をしている。白衣を着た医師が、裸の遺体を切り刻んでいるのを見ていると、悪いことをした人間を鬼が懲らしめているように思ったのも無理からぬことだった」

その後、藤波はカメラマンとして長崎へ行った。「もう十月になっていた。それでも長崎では、原爆の威力を示すものは、まだ至るところ目にすることができた。長崎に投下された原爆は、広島に投下された原爆とは少しちがっているような気がした。爆発による風圧が、広島の原爆より強いような気がしたからだ。たとえば、浦上にあった小学校のコンクリートの階段の壁から、人間の毛髪が生えていた。それは、原爆が炸裂したとき階段の途中にいた女生徒が、爆風によってコンクリートの壁に体を叩きつけられたことを物語っていた。あれから二ヶ月以上も経っているのに、その女の子の毛髪は、今でもまだ壁から生え育っているようだった。わたしは、ぞっとした」

「悪魔がしたかのような、こんな恐ろしい所業は、日本人や、ほかのどんな人間にも二度と起こしてはならない。そのためには、このむごたらしい現実から目を逸らせてはならないのだ」

「この街のほかの人たちと同じように、キリスト教を信奉するアメリカ人に、こんな残酷なやり方でカソリックの聖堂を破壊した、この光景を見せてやりたかった。原爆で破壊された様子については、現在まで数千人の人たちが語っているが、それだけでは十分でないとわたしは思っている。人類が生存するかぎり、世界中の人たちに向けて、この世で二度と原爆を使ってはならないと叫びたい」

岩崎昶は、日本の映画界の総括的な責任者として、自分の撮影したフィルムがアメリカ軍によって没収された日のことを回顧している。「十月二十一日のことだった。長崎で撮影チームの一員だった助手の関口敏雄が浦上の爆心地のところでアメリカ軍のMPに拘束され、浦上駅のなかにあるRTO（アメリカ軍の鉄道司令部）に連行された。この出来事によって、日本人の映画関係者が原爆のドキュメンタリー映画のため撮影していることをアメリカ軍が初めて知ることになった。アメリカ軍としては、この一件を長崎から東京のGHQまで出向いて報告したり、GHQから日映に撮影を禁止するよう伝える時間はまったくなかった」

「わたしは制作責任者になったばかりだったので、GHQと交渉して、この問題を処理する義務があった。やむを得ず、広島と長崎での撮影を一時中断することにして、何度もGHQへ出向いた。中年の佐官が出てきて、原爆のドキュメンタリー映画を制作するために撮影を許可したのはだれかと訊くので、日本の重要な出来事を日本の映画会社が撮影するのに、許可が必要だなどとは思いも寄らないことだと返答した。その佐官は、『なるほど。

それじゃあ今日から進駐軍として、撮影を禁止する』といった」

「このことがあってから、わたしたちの制作した原爆のドキュメンタリー映画が三十年ものあいだ、日本とアメリカの双方で関係することになったのである」

岩崎は、自分の制作した映画がアメリカで初めて上映されるときになって、エリック・バーナウが重要な人物として関係していたことをのちに知ったのだが、回顧録のなかでも、自分とマクガバンとの関係や、東京で日本人によるドキュメンタリー映画を編集したことなどについて、くわしく語っていて、映画の編集をしているときにアメリカ側から、岩崎たちのフィルムをすべて没収するという命令が届いたのだった。

「フィルムを没収する命令書に目をとおした翌日、わたしたちは、あることを考えついた。すでに焼き付けができていて、まだ音声を入れたり編集のすんでいないフィルムを密かに取りのけることにしたのである。大胆にも、進駐軍を欺こうとしたのだ。そのためには、表沙汰にしないよう完璧に事を運ぶ必要があった。この秘密を守るためには、ごくかぎられた少人数だけでやり遂げることが重要だった。何事も必要最小限にして、ひとつとして余分なものはないようにした」

「こう考えたのも無理からぬことで、秘密裏に事を運ぶだけでなく、万一露見したときに余計な人までが罪に問われることがないようにするためだった。どうしても必要な人間は、わたしと、ほかに三人だけだった。わたしたちは、ちょっと古めかしいやり方をして、互いに秘密を守るという証文に署名をして誓いを立てた」

「当時のわたしたち四人は全員が、どんな状況に陥っても甘受するつもりでいた。アメリカの軍事刑務所では長期間の重労働を科せられることを知っていたが、そうなっても仕方ないと割と冷静な気持ちでいた。もちろん、事態がそんなことまでにはならないだろうと高を括っていたからだ。しかし、あとで考えると、最悪の場合には『原爆の機密』にかんするスパイ容疑とされて、ワシントンＤＣかどこかで電気椅子に座らされたかもしれなかったのだし、そんなことを思って、あとになってお互いに胸をなでおろしたものだ」

「当時のわたしは原爆にかぎらず、一般的に核兵器が人類の歴史にどれほど重大な意味をもつのかについて本当には理解していなかった。今にして思えば、自分の無知さ加減には呆れるばかりだ。わたしは、核兵器が広島と長崎で起こした大惨事にばかり目をうばわれていて、そのような兵器が将来の戦争でどんな役割を演じるのか、人間の文明がどのように変わっていくのかということなどは頭になかったのだ」

「わたしたちは、アメリカが原爆のことを軍事機密として隠蔽しつづけようと躍起になっていることは、機密が漏洩することを防ごうとするだけでなく、周囲にも監視の目を向けているということに気づいていなかった。そのことをもっと早く知っていたら、自分たちが撮影したフィルムをすべて前もってアメリカ軍から隠していただろうと思う」

「いずれにせよ、アメリカ軍の監視の目からフィルムを隠そうとしたらどうなるか（死刑に値する重罪）を知っていたら、わたしたちは怖じ気づいて、フィルムを隠す決断を思い直したかもしれなかった。自分たちがたまたま無知だったため、あんな勇気を出していただけだった。わたしたちは、ごくふつうの人間で、もともと勇敢な気持ちなどなかったのだ」

「とにかく、日映の施設内にアメリカ軍の目を盗んでフィルムを隠しつづけることはできなくなった。四人で話し合った結果、戦争が終わって独立するため日映を辞めたカメラマンの三木茂の現像所に保管してもらうことに決めた。いうまでもないが、三木には、そのフィルムの内容がどんなものか教えなかった。それは、三木がわたしたちの共犯者とみなされることを防ぐためだったが、ずっとあとになって三木は、あのフィルムが何かじつは知っていた、とわたしにいったので、二人で大笑いをしたものだ」

回顧録の、そのあとにつづく話は、岩崎たちが、自分たちの制作したドキュメンタリー映画を日本と欧米で上映しようとして、フィルムの一部を密かに持ち出すまで何年も天井裏に隠していたフィルム缶についての出来事が語られているのだが、結局、岩崎たちのドキュメンタリー映画はバーナウの協力によって、マクガバン＆スサンのカラーフィルムが公開されるより十年早い一九七〇年代に、アメリカで公開されることになったのである。

日本に原爆を投下してから七十五年が経ち、原爆による悲惨な影響が今もつづいているなかで、アメリカ人と日本人の双方が被爆地で撮影したフィルムを使って、技巧をこらし説得力のある「制作されなかった、もっとも重要な映画」のことを本書でこうして述べることによって、広島と長崎が本当に訴えたいことを、あらためて世の中に伝えることも遅きに失することではないのである。

補遺

日本に原爆が投下されてから七十五年のあいだに、原爆の製造と使用のことを取り上げてハリウッドで製作された映画が三本あることが明らかになっている。その三本の映画というのは、『始めか、終りか』（一九四七年）と、*Above and Beyond*（一九五三年、邦題『決戦攻撃命令』）と、ロスアラモスを舞台に批判的なナレーションを入れたローランド・ジョフィ監督の*Fat Man and Little Boy*（一九八九年、邦題『シャドー・メーカーズ』）である。また、日本で制作された原爆をあつかった映画のなかで、アメリカでも観ることのできる作品は、黒澤明監督の『八月の狂詩曲（ラプソディー）』と、今村昌平監督の『黒い雨』がある。それから、一九五九年にフランスで製作されたアラン・レネ監督の有名な『二十四時間の情事』があり、その映画のなかには、一九四五年に日本で撮影され、のちに隠蔽されていた白黒のドキュメンタリー映画の一部が使われている。

広島の原爆をあつかったどんな映画も、観る人にアンビバレントな感情や罪悪感を引き起こすもので、その理由はおそらく、これらの映画はどれも、アメリカ人の良心という観念と向き合わざるを得ないからである。ただ、ハリウッドの三本の映画は、いずれも大げさに宣伝されてはいたものの事実が歪曲されていて、芸術作品としての価値は高くない。

たとえば『決戦攻撃命令』は、エノラ・ゲイのパイロットだったポール・ティベッツに焦点を当てていて、ティベッツみずからが制作について助言をする中心的な役割を演じているし（映画がどんな結末になったかはご承知のように）、一九四七年にＭＧＭが製作した『始めか、終りか』は制作過程において、マクガバン＆スサンのフィルムが機密あつかいになった経緯とも重なり合うエピソードがあったという点では、一定の評価に値する内容ではあるけれど、本来、この映画自体が別の意味で「隠蔽された」といえるもので、わたしがトルーマン図書館で探し出した資料のとおり、この映画の制作にはホワイトハウスが介入していたのである。

ようするに、この映画は、ＭＧＭが製作したとはいえ、何度も改訂されて、広島での出来事を当局が承認したハリウッド版として公開したもので、原爆は戦争を終わらせてアメリカ人の命を救うために必要不可欠だったという筋書きになっている。前にも述べたように、原爆を投下した理由をこのようにみなすことに対して、わたしは、「ハリウッド、そしてアメリカは、どのようにして悩むことをやめて原爆を愛することになったのか」という副題を付けて、映画と同じ *The Beginning or the End* というタイトルの本を書いた。

この本の概略は以下のとおりである。

広島に原爆が投下されて約一ヶ月後、ＭＧＭのプロデューサーだったサム・マークスは、代理人のトニー・オーウェンから一本の電話を受けた。電話でトニーは、自分の妻で女優のドナ・リードが、妻のハイスクール時代の化学の教師だったエドワード・トンプキンズ博士から、今はオークリッジの核研究施設にいるという興味深い手紙を受け取り、その手紙でトンプキンズは、ハリウッドが原爆を取り上げた映画を未だに制作していないことに驚いていると述べ、映画会社は迫りつつある核開発競争の脅威を、世界の人たちに警告しようと本当に考えているのだろうかといった。それからまもなくして、MGMの社長ルイス・B・メイヤーは、今まで自分が手がけたなかで「もっとも重要な物語」と呼んだ映画『始めか、終りか』を制作することになり、トルーマン大統領みずからがタイトルを付け、マークスたちMGMのスタッフは、映画を制作するため、オークリッジやそのほかの場所で原爆を開発している科学者たちに面会した、という話から物語がはじまっている。

ところで、この『始めか、終りか』の当初の台本に目をとおして気づいたことは、その内容が、広島に原爆を投下する決定に対して疑問を提起していて、被爆後の広島を不気味な廃墟として描き、焼けただれた顔の赤ん坊を見せるような、多くの観客にショックをあたえる映像を入れて、原爆の惨状を表現していたり、さらに台本のなかに書かれている政治的なメッセージは総じて人騒がせな内容で、少なくともその一部は、核兵器の廃絶を支持する科学者たちと示し合わせているのではないかと思わせるような印象があり、「原爆によって、この世に核エネルギーを放出するよりは、あのまま戦争をつづけて、アメリカ人の命がさらに失われる方がよかったのではないか」ということまで暗示的に書かれていることだった。

ところが、何かがあって、台本の内容がそっくり変わってしまったのである。書き換えられた台本では、原爆投下の決断は正しかったことであり、賞賛さえされるものだったとなっているし、原爆が投下されたあとの被爆者たちは登場せず、画面では焼け跡の風景だけが映し出されることになっている。さらに驚いたことに、マンハッタン計画の責任者だったレズリー・R・グローヴス少将が、一〇万ドルを払って台本を査読する権利を取得し、映画を作り直すために重要な役割を演じたとまで説明されているのだ。

結局、MGMは、ノーマン・タウログ（ほかのどの俳優よりエルビス・プレスリーの映画を多く監督した）を、この映画の監督に抜擢し、グローヴス少将をブライアン・ドンレヴィが演じ、ロバート・オッペンハイマーはヒューム・クローニンが演じることになった。そして新たな台本は、メディア・コングロマリット「ハースト」のコラムニストだったボブ・コンシダインが執筆し、空軍で往年のエースだったフランク・〝スピグ〟・ウィードが台本の最終原稿を承認した（一方、小説家のアイン・ランドは、パラマウントでMGMと競合する映画制作の脚本を執筆するために採用されたが、その映画の計画は、まもなく中止になった。ただアインの構想した映画の概要と数十枚の原稿は残されている）。なおアルベルト・アインシュタインを含めた、ほとんどの科学者たちは、映画の登場人物として俳優たちが演じることに同意していたが、グローヴスとトルーマンは台本の内容に納得せず、オッペンハイマーは、自分を演じナレーションを担当する俳優が映画のなかの自分を「謙虚」で「人間愛に富んだ」人物として描かれていることを知ってから初めて、映画のセットを訪れている。

こうして、原爆のことをハリウッド流の映画に作り上げる流れがはじまったのである。すなわち、改訂された台本は、些細な内容に至るまで原爆の投下を正当化するものになっていて、グローヴス少将は、原爆がのちにおよぼす影響は大したことではないと語り、広島の上空を飛行する数機のB29は、原爆の投下を勇敢な任務だったように見せかけるため、はげしい対空砲火にさらされ、そのなかの一機はネセサリー・イーブルから長崎に原爆を投下したボックス・カーに変わっているのに、長崎の原爆については何も描かれていない。さらにあるシーンでは、潜水艦に乗った架空のドイツ人の科学者たちが東京の近郊に上陸して、原爆にかんする情報を広島にあった核施設（まったくの虚構）に持ち込む場面まで描写されているのだ！

とはいえ、この映画が本来伝えようとしているメッセージは、台本の中心となっているメロドラマにあって、結末は、原爆の製造にかかわった若い科学者マット・コクランが、太平洋の島で暮らす四万人の島民が核実験によって絶滅することを防ごうとして、そのため自分が放射能に被曝するという物語となっている。そして、亡くなる前のマットは、「神は、わたしたちを滅ぼす新たな方法を、お示しくださったわけではないのだ。原子力は、神が戦争の廃墟のなかからわたしたちを拾い上げて、平和に至る重荷を軽くしてくださる御手なのだ」と語っている。

こうして骨抜きにされた映画を見終わった著名なコラムニストのウォルター・リップマンは、それでも、あるシーンは「ショッキングだった」と述べ、トルーマン大統領も同じように不快に感じた。そのシーンというのは、トルーマンが原爆の使用を決断するときに、「わたしは、敵のことなどよりもアメリカの若者たちのことを大切に思っているんだ。だから日本に対して原爆を使用することにしたんだ」と語る場面で、このシーンについて、トルーマン大統領と側近は、少しばかり思案したあとで異を唱えはしたが、もちろん、トルーマンがそのように語ったことは事実だった。

ホワイトハウスから抗議があったあと、ＭＧＭの脚本家ジェームズ・Ｋ・マッギネスは、そのシーンを削除し、かわりに、「トルーマン大統領は、原爆を使用する問題について議論を重ねたすえ、原爆を使用することによって戦争をほぼ一年短縮することになるという意見に合意した」というシーンに書き換えられ、「アメリカは『人命を尊重する』手段として『これから起きること』を日本の民衆に警告するビラを撒くことにした」（警告のビラを撒いたという事実はない）と語っている。そして、原爆を投下することで戦争を一年短縮するという「合意」があった（そんな合意はなかった）と語り、「戦争が一年短くなることで、アメリカの元気な若者の三〇万から五〇万人（誇張された数字である）の命が救われることになる」と語っているのだ。

さらに台本のなかでトルーマンは、原爆の投下目標は軍事的に重要な都市が選定されたと語っているのだが、それも事実ではなく、実際は、これまで空襲で被害を受けていない都市を選定して、原爆という新たな兵器の威力を実証するためだったのであるが、いずれにせよ、原爆を投下する目標地点は都市の中心部であって、軍事施設ではなかったのである。

ホワイトハウスは、それでもまだ台本の変更を要求し、日本への原爆投下を道徳的に憂慮している科学者たちが、都市に投下する前に辺鄙な場所に投下して、日本の指導者たちに見せつけることを望んでいるという部分も削除するよう求めた。

トルーマンは、自分を演じることになっていた俳優に手紙まで書いて、原爆の使用を決断する当初のシーンで大統領が「即断」したように演じていると不満を訴え、その問題のシーンは書き換えられたうえ、トルーマンを演じることになっていたベテランの性格俳優ローマン・ボーネンは役を降ろされた。これに対してボーネンは、トルーマンに宛てて皮肉を込めた手紙を書き送り、人々は原爆の投下を決断したことの是非について百年先まで言い争うだろうし、「後世には、ちょっとした騒動になることでしょうね」と述べて、トルーマンの役はご自分が演じてはどうかとまで提案している。いつものトルーマンなら、このような批判めいた手紙は無視するのだが、この手紙に対しては、わざわざ返事を書いて、自分が原爆投下を決断したことを擁護し、「何といわれようと、わたしは、なんとも思っていない」と応じている。

映画『始めか、終りか』は、「実話にもとづいた」という歌い文句で一九四七年三月にアメリカ国内で封切られ、さまざまな批評があった。雑誌タイムは「ばかばかしいほど陽気な映画」として一笑に付したが、雑誌バラエティは「信憑性があって、とくに歴史的にも重要な雰囲気が感じられる」と高く評価した。ニューヨーク・タイムズの批評家ボズレー・クラウザーも「信憑性のある再現をしている」と、部分的には内容を支持する立場を取り、原爆の「必要悪」を描くという道徳上の問題を取り上げていることを評価さえしている。一方で、原爆の製造にかかわった科学者のハリソン・ブラウンは「原子力科学者会報」のなかで、映画の内容には事実と異なる部分があると指摘し、広島の上空に警告のビラを撒いたという映画の部分を「もっともひどい歴史のねつ造だ」と述べている。

ＭＧＭが製作したこの映画は、何十万人というアメリカ人が観て、表向きはドキュメンタリー映画という理由から、ほとんどの観客は実際の歴史を描いたものだと思い込んでいるようだが、著名な物理学者レオ・シラードは、この映画を観たあと、つぎのように述べている。「科学者として、自分たちの罪が原爆を製造して使用したことだとするなら、その罰として『始めか、終りか』を観ることだ」

参考文献

カイ・バード&マーティン・J・シャーウィン *American Prometheus: The Triumph and Tragedy of J. Robert Oppenheimer*　New York: Vintage,2005.

ポール・ボイヤー *By the Bomb's Early Light*　New York: Pantheon,1985.

ミック・ブロデリック *Hibakusha Cinema*　New York: Routledge,2009.

ジョイス・エバンス *Celluloid Mushroom Clouds*　Boulder: Westview press,1998.

ローレンス・ゴールドスタイン&アイラ・コニグスバーグ編 *The Movies*　Ann Arbor: University of Michigan Press,1996.

レズリー・R・グローヴス *Now It Can Be Told*　New York: Harper,1962.

グレッグ・ハーケン *Brotherhood of the Bomb*　New York: Henry Holt and Co.,2002.

J・ホバーマン *Army of Phantoms: American Movies and the Making of the Cold War*　New York: The New Press,2011.

ロバート・ジェイコブズ *Filling the Hole in the Nuclear Future*　Lanham, MD: Lexington Books, 2010.

ロバート・ジェイ・リフトン&グレッグ・ミッチェル *Hiroshima in America: Fifty Years of Denial*

New York:Putnam,1995.

デヴィッド・マカルー *Truman*　New York: Simon & Schuster,1992.

アベ・マーカス・ノーンズ *Japanese Documentary Film*　Minneapolis: University of Minnesota Press, 2003.

リチャード・ローズ *The Making of the Atomic Bomb*　New York: Simon & Schuster,1986.

ロジャー・ローゼンブラット *Witness: The World Since Hiroshima*　New York: Little,Brown,1985.

アリス・キンボール・スミス *A Peril and a Hope*　Chicago: University of Chicago Press,1965.

スーザン・サザード *Nagasaki: Life After Nuclear War*　New York: Penguin,2015.

ジェレミー・トレグラウン *Mr. Straight Arrow: The Career of John Hersey*　New York: Farrar, Straus and Giroux,2019.

サイモン・ウィルメッツ *In Secrecy's Shadow*　Edinburgh: Edinburgh University Press,2016.

ローレンス・S・ウィットナー *One World or None*　Stanford: Stanford University Press,1993.

ピーター・ワイデン *Day One*　New York: Simon & Schuster,1989.

マイケル・J・ヤヴェナッティ *John Hersey and the American Conscience*　Pacific Historical Review, Feb.1974.

原著者の略歴

グレッグ・ミッチェルは、著名な出版社から高い評価を受けた十二冊の著書を著している。ごく最近の著書としては、*The Tunnels: Escapes Under the Berlin Wall and the Historic Films the JFK White House Tried to Kill*（Crown）（「抜け穴：ベルリンの壁の下からの逃走と、ＪＦＫ政権が抹殺しようとした歴史的映像」）があり、世界各国で版を重ねている。また二〇二〇年七月には、*The Beginning or the End: How Hollywood-and America-Learned to Stop Worrying and Love the Bomb*（The New Press）（「始めか、終りか：ハリウッド、そしてアメリカは、どのようにして悩むことをやめて原爆を愛することになったのか」）を出版している。

ほかに、*The Campaign of the Century: Upton Sinclair's Race for Governor of California and the Birth of Media Politics*（「世紀のキャンペーン：アプトン・シンクレアのカリフォルニア州知事選への出馬とメディア政治の誕生」、ゴールドスミス賞を受賞）、*Tricky Dick and the Pink Lady*（「リチャード・ミルハウス・ニクソン対ヘレン・ギャーギャン・ダグラス」、ニューヨーク・タイムズによって注目を集めた本）、*So Wrong for So Long: How the Press, the Pundits, and the President Failed on Iraq*（「こんなにも悪く、こんな

にも長く：報道関係者、評論家、そして大統領はどのようにイラクで過ちを犯したか」）、それにロバート・ジェイ・リフトンと共著の『アメリカの中のヒロシマ』と *Who Owns Death?*（「だれが死を認めるのか？」）の二冊がある。

一九八二年から一九八六年まで、雑誌『核の時代』の編集長を務め、二〇〇二年から二〇〇九年まで、「新聞業界のバイブル」といわれる『編集者と出版社』（Editor & Publisher）の編集にたずさわった。原爆にかんする論説は、ニューヨーク・タイムズから雑誌『アパチャー』（Aperture）、『マザー・ジョーンズ』（Mother Jones）、『TVガイド』（TV Guide）に至る代表的な刊行物に掲載されている。また、受賞歴のあるドキュメンタリー映画 *Original Child Bomb* と、公共放送サービス（PBS）が提供する『大恐慌』（The Great Depression）のチーフ・アドバイザーを務めた。さらに、ベートーヴェンの有名な交響曲がおよぼした政治的影響力をもとにしたドキュメンタリー映画 *Following the Ninth*（「第九交響曲のあとに」）を制作した。

現在はニューヨーク市に居住している。氏のXアカウントは@GregMitch、Eメールアドレスは epic1934@aol.com である。

訳者あとがき

本書は、Greg Mitchell の *Atomic Cover-up: Two U.S. Soldier, Hiroshima & Nagasaki and The Greatest Movie Never Made* を訳出したものです。

昭和二十年（一九四五）八月に広島と長崎に原爆が投下されてまもなく、日本は無条件降伏をし、その年の九月から十二月にかけてアメリカは戦略爆撃調査団を日本へ派遣して、戦争中にアメリカ軍が日本本土の各都市におこなった爆撃の効果と影響を調査しました（ドイツでも同じような調査がおこなわれています）。そして翌年の一月からは、調査団の撮影チームが爆撃を受けた日本の各都市を映像に収めるため派遣されたのです。もちろん、原爆で破壊された広島と長崎も調査の対象となりました。

そして撮影チームが日本各地を視察しているあいだに、一行の撮影を担当したハーバート・スサン少尉とダニエル・マクガバン中尉は、広島と長崎の惨状に衝撃を受け、なかでもスサンは、原爆が人体におよぼす影響を映像に残してドキュメンタリー映画を制作し、二度と核兵器が使われないことを訴えようと考えました。ところが、スサンが撮影してアメリカに持ち帰ったフィルムはただちに機密あつかいとされ、公開が許可されなくなったのです。なお、アメリカの撮影チームが日本を訪れる前の昭和二十年九月には、日本人の撮影チームが広島と長崎を訪れて映画の撮影をしていたのですが、それらのフィルムもアメリカに没収されました。

スサンは、その後もフィルムの公開を求めて、トルーマン大統領にまで書簡を送ったのですが、それから三十年あまりのあいだ機密あつかいがつづき、一九八三年になってフィルムが公開されたときには、スサンは悪性腫瘍に侵されていて（本人は、被爆地に滞在したことが原因だと考えていました）、まもなく亡くなったのです。

本書は、スサンたちの撮影したフィルムがなぜ、これほど長いあいだ機密あつかいにされていたのかを、さまざまな資料や証言をもとに検証し、その背景に、核兵器とは、その真相を隠蔽しなければならないほど恐るべき兵器であることが、その理由だったことを明らかにしています。

現在のわたしたちは、今も迫りつつある核兵器の脅威をさまざまな情報をもとに間接的に知るしかありませんが、スサンたちが撮影した映像を目にしたら、わたしたちだけでなく世界の為政者たちも、核兵器が非人道的な兵器であることを痛感するのではないでしょうか。

著者のグレッグ・ミッチェルの略歴について補足しておきますと、一九四七年生まれのアメリカ人のジャーナリストで、二十世紀以降のアメリカの政治と歴史をテーマにした何冊かの著作があります。なかでも核問題については強い関心を寄せていて、一九八二年から一九八六年までアメリカの代表的な反核雑誌「核の時代（Nuclear Times）」の編集長を務め、そのあいだに広島と長崎を訪問したことがきっかけとなって、本書*Atomic Cover-up*（初版は二〇一二年で、二〇二〇年に改訂版を出版し、本書は改訂版を訳出しています）が誕生しています。原爆をテーマにした著作としては、本書のほかに、ロバート・ジェイ・リフトン（*Death in Life*（邦題『ヒロシマを生き抜く』）の著者）と共著の*Hiroshima in America*（邦題『アメリカの中のヒロシマ』）と、*The Begining or the End*（「始めか、終りか」）があります。また、ドキュメンタリー映画の脚本と制作も手がけていて、いずれも核問題をテーマにした内容で、そのうちの一本は、本書と同じタイトルの*Atomic Cover-up*です。

なお本書のなかで、撮影チームの一人として取り上げられたハーバート・スサンの娘レスリー・スサンが著した*Choosing Life*（邦題『ヒロシマ・ナガサキを撮影した米軍兵士の生涯』）は、グレッグ・ミッチェルが序文を寄せ、本書と関連していて興味ある内容です。ハーバート・スサンが被爆地の惨状に強い衝撃を受け、その惨状を撮影したフィルムが機密あつかいになったあとも、公開を求めて後半生にわたって苦闘していた経緯が娘のレスリーの目をとおして、くわしく語られています。

また本書の出版にあたっては、文芸社出版企画部の阿部俊孝氏と、編集部の片山航氏のお二人に大変お世話になりました。厚く御礼申し上げます。

訳者プロフィール

金谷 俊則（かなや としのり）

1951年、広島市に生まれる。広島大学医学部卒業。専門は精神医学と内科学。広島市在住の被爆二世。
著書に『吉川興経』、『武一騒動　広島・旧浅野藩下における明治農民騒擾の真相』、『毛利隆元』、『ヒロシマ　叔父は十五歳だった』、上記の英訳版 *Hiroshima : From the shadow of the grass*、『毛利隆元私見』、訳書にジョージ・R・キャロン＆シャルロット・E・ミアーズ著『わたしは広島の上空から地獄を見た　エノラ・ゲイの搭乗員が語る半生記』、ウィルソン・D・ミスキャンブル著『日本への原爆投下はなぜ必要だったのか』、シーン・L・マロイ著『日本への原爆投下とヘンリー・スティムソンの苦悩』、レスリー・スサン著『ヒロシマ・ナガサキを撮影した米軍兵士の生涯』、アンソニー・ドレイゴ＆ダグラス・ウェルマン著『ヒロシマを生き抜いたロシア人女性』がある。

ヒロシマ・ナガサキの映像は隠蔽されていた

二人の米軍兵士と、制作されなかったヒロシマ・ナガサキの貴重な映画

2025年 4 月15日　初版第 1 刷発行

著　者　グレッグ・ミッチェル
訳　者　金谷 俊則
発行者　瓜谷 綱延
発行所　株式会社文芸社
〒160-0022　東京都新宿区新宿1－10－1
電話　03-5369-3060（代表）
03-5369-2299（販売）

印刷所　TOPPAN クロレ株式会社

ISBN978-4-286-24426-6